다시, 학교 가는 길

일러두기

1. 본문에 나오는 학생들의 이름은 모두 가명을 사용하였습니다.
2. 다문화학교 운영에 관한 이해를 돕기 위해 여러 서류 양식을 제시해 놓았으나 학교마다 사용 양식이 다르니 참고만 해주세요.

다시,
학교 가는 길

암 투병 경력 교사의 다문화 1교시

유영미 지음

프롤로그

'일단 멈춤' 신호 앞에서

"역시, 난 운이 좋아!" 하면서 매일 인생에 펼쳐지는 초록 불을 즐기던 시절이 있었습니다. 내 인생에 노랑이나 빨간 불은 더 이상 없기를 바랐습니다. 부끄럽게도 그런 나쁜 일은 절대 없을 거라고 주문을 외우기도 했습니다. 어쩌면 보고도 못 본 척했는지도 모르겠습니다.

"암입니다." 건강검진 후 만난 이 문장은 제 인생의 빨간 불이었습니다. 신호등 정도가 아니라 큰 화재라고 하는 게 맞겠습니다. 구급차를 불러야 할 정도로 큰 빨간 불이었습니다. 화마가 곧 저를 덮칠 듯했습니다. 눈물만 하염없이 흘리고 있는 제게 의사 선생님이 이렇게 말씀하셨죠. "이거 죽는 병 아닙니다. 안 죽어요! 안 죽어!"

그제야 정신이 들었습니다. '아, 지금 이것은 큰불이 아니구나!' 싶었습니다. 큰불이 난 게 아니라 그저 빨간 신호등을 만난 것뿐이라는 것을 깨달을 수 있었습니다. 생각지 못한 엄청난 화염 속에서 헤매고 나오니 빨간 신호등은 이제 아무렇지 않아 보였습니다.

'아, 멈추라고?' 저는 신호등의 붉은 불빛에 따라 일단 멈추어 섰습니다. 좌우를 살피니 가까이에 유방암 환우들이 있었습니다. 이제 막 진단받은 분, 치료 중인 분, 치료를 다 마친 분, 다시 재발한 분 등 각자의 치료 이야기들을 나누었습니다. 모두 갑작스레 인생의 빨간 불을 만났지만, 도로 위에 주저앉아 울고 있는 사람은 아무도 없었습니다. 도로에 철퍼덕 주저앉아서 신세 한탄을 좀 해보려는 제 속셈을 읽으셨는지 신은 그렇게도 삶에 열정적인 사람들을 제게 보내주셨습니다. 그들은 치료는 적극적으로 하되, 마음은 느슨하게 가지라고 했습니다. 마음만 적극적이고 치료는 느슨하게 받고 싶었던 제 모습과는 정반대였습니다. 그제서야 제가 평생 마음이 바쁜 사람이었다는 것을 비로소 알게 되었습니다. 무엇에 그렇게 바빴을까요?

2022년 하반기부터 출간을 결심하고 인생 첫 원고를 집필했습니다. 그 과정이 쉽지 않아 내내 울면서 그 시간을 건넜습니다. 감사하게도 그 눈물은 책으로 열매를 맺었지요. 성취감이 정말 컸습니다. 처음 자전거를 타게 된 사람이 매일 자전거를 끌고 나가듯 세상으로 거침없이 향했습니다. 그렇게 홀로 내달렸죠. 처음 맛보는 달콤함에 취해 있을 때 가족들이 제 앞을 가로막았어요. 그만 하라는 것이었습니다. 저는 그럴 수 없다고 했습니다. 그랬더니 그러면 할 일을 제대로 하라는 것입니다. 글 쓰고 강의하는 일을 포기하고 싶지 않아서 그러겠다고 약속했습니다. 아침잠 많은 사람이 미라클 모닝을 하고, 그것도 모자라 밤늦게까지 글을 썼습니다. 참 외롭고 고달픈 시간들이었습니다. 해야 하는 일도, 하고 싶은 일도 구멍 내지 않으려고 마음 졸이며 지내던 시간이었습니다. 증명해야 했고, 증명해 내고 싶었던 치열함의 연속이었죠.

하지만 제 가슴에서는 독이 퍼지고 있었던 모양입니다. 바쁜 와중에 시간을 내어 받았던 검진 덕분에 그걸 일찍 알아볼 수 있었으니 다행입니다. 원망하고 탓하는 마음이 일어나기도 했지만 그것이 병을 깊게 만든다는 것을 잘 알고 있기에 그런 마음이 일어나는 것을 경계했습니다. 대신 모든 걸 새로 시작하기로 했어요. 마치 이 세상을 처음 보는 사람처럼 새롭게 시작해야겠다고 생각했죠. 제가 그동안 가진 생각과 삶의 양식들을 모두 의심하기로 했습니다. 그동안은 낡은 안경을 슥슥 닦아서 대충 쓰고 다녔던 것 같은데, 이제는 새 안경을 맞출 때가 왔다고 느꼈거든요. 그 마음의 갈망을 더 이상 미루지 말자고 생각했습니다. 그리고 마침내 더 좋은 안경을 만났죠. 놀랍게도 그 안경은 멀지 않은 곳에 있었어요. 찾아 나설 의지가 있었다면 아마 진작 찾을 수 있는 정도의 거리에 있었습니다.

그렇게 새 안경을 끼고 나니 온 세상이 선명하게 보였습니다. 먼저 지금 내 앞에 존재하는 빨간 불을 바라보았습니다. 예전에는 쳐다보기도 싫었던 녀석이었습니다. 내 꿈을 방해하는 존재일지도 모른다는 불안과 공포 때문이었겠죠. 그러나 새로운 안경은 빨간 불을 예쁘게 볼 수 있는 기회를 주었습니다. 빨간 불을 이루고 있는 작은 불들의 반짝임을 유심히 볼 수 있었습니다. 빨간 불이 가진 에너지를 느껴볼 수도 있었습니다. 어느새, '빨간 불도 나쁘지 않은데?' 하는 마음까지 생겼습니다. 그즈음 복직을 결정해야 했습니다. 두려웠습니다. 그런데 두렵지 않았습니다. 이 두 마음이 내 마음속에 있음을 알아차린 순간 복직을 선택했습니다. '할 수 있다'는 마음의 에너지가 내 안에 있다는 것을 눈치챈 거죠. 밝은 마음을 온전히 다 잃어버린 사람은 압니다. 고민하는 것은 긍정의 시그널이라는 것을요. 그럴 때는 너무 고민하는 것보다 차라리 용기 내어 앞으로 나아가는 것이 좋습니다.

물론 '암을 경험한 사람'이 되어 학교에 돌아가는 발걸음이 쉽지는 않았습니다. 혼자 걸어가야 할 이 걸음이 쉽지 않을 거라고 나에게 말해주었습니다. 마음속으로 어쩌면 치료과정보다 더 어려울지도 모를 거라는 최악의 수를 두기도 했습니다. 나를 단단하게 준비시키려는 나름의 묘수(?)였습니다만 그런 걱정은 필요 없었습니다. 학교는 놀랍도록 저를 위하여 준비되어 있었습니다. (학교 구성원들은 절대 그런 준비를 한 적이 없다고, 너는 그렇게 대단한 사람이 아니라고 말했지만) 저는 첫날부터 그것을 강렬하게 느꼈습니다. 교실에 들어가는 순간, 아이들은 천사가 따로 없었습니다. (담임선생님들께서 사전지도를 완벽하게 해주셨습니다.) 업무는 부담스럽거나 어렵지 않았습니다. (부장님과 전임자의 도움을 많이 받았습니다.) 선생님들은 매일 제게 다정했습니다. (제 얼굴만 보면 쉬라고, 조퇴하라고 잔소리를 퍼부었습니다. 도시락을 싸다 주시는 선생님도 계셨습니다.)

매일 기적 같은 하루였습니다. 학교가 이렇게 즐거운 곳인지 몰랐습니다. 너무 좋아서 웃고, 고마워서 울었습니다. 도저히 그 고마움을 표현하지 않을 수가 없었습니다. 그래서 제가 할 수 있는 것들로, 할 수 있는 만큼만 표현하기로 결심했습니다. 미소로, 눈빛으로, 예쁜 말로, 맛있는 음식들로 말이죠. 더할 나위 없이 좋은 나날들이었습니다. 덕분에 저는 빠른 속도로 회복할 수 있었습니다. 3개월마다 받는 검진에서 매번 좋은 결과를 받았습니다. 방사선 치료 후 잃었던 식욕과 근육도 점점 회복되어 지금은 정상적인 생활을 합니다. 덕분에 겨우 걷기만 할 수 있던 제가 이제는 뛰기도 제법 합니다.

이제 다시는 글 쓸 생각 말라고 남편이 말했지만 오히려 저는 다시 글을 써야 한다는 생각뿐이었습니다. 나에게 일어난 이 기적 같은 시간들과 보석 같은 마음들을 기록하고 싶다는 열망과 열정이 생겼기 때문이죠. 그러나 글을 쓰는 일은 쉽지 않았습니다. 키보드 위에 손가락을 올려놓고 커서가 깜빡이는 모니터를 하염없이 바라보는 날도 있었고, 이불을 뒤집어쓰고 쓰지 못하는 나를 원망하기도 했습니다. 미치도록 안 써지는 순간에 제게 물었습니다. 그래도 쓰고 싶냐고, 왜 쓰고 싶냐고. 작가 유영미는 대답하더군요. 계속 쓰고 싶다고. 30분 이상 앉아 있는 것조차 힘들었는데도요. 그래서 잘 쓰든 못 쓰든 딱 30분만 쓰기로 했습니다. 매일 밤 나 자신에게 오늘도 쓸 거냐고 물었습니다. 그러면 작가 유영미는 계속 쓰고 싶다고 했습니다. 어쩝니까? 쓰고 싶다는데. 30분에 맞춰둔 타이머 시간을 줄여나갔습니다. 5분씩 줄여서 써 봤더니 결국 가장 좋은 시간은 딱 15분이었습니다. 분량은 제쳐두고 딱 15분에 집중하기로 했습니다. 이 책은 그렇게 쓴 글들의 모음입니다. 2025년 6월부터 12월까지 제가 타이머를 끌어안고 쓴 글들이지요. 작은 타이머가 그 처절한 현장의 증인입니다.

　글을 쓰면서 알았습니다. 인생이라는 신호등은 예고 없이 신호를 바꾼다는 것을. 하루 24시간 중에도 신호등은 수시로 바뀝니다. 빨강, 노랑, 초록색이 정신없이 바뀝니다. 어떤 날은 차라리 신호등을 꺼버리고 싶기도 합니다. 그러나 중요한 것은 신호등의 색깔이 아닙니다. 신호등을 바라보는 나의 마음입니다. 빨강은 빨강대로, 노랑은 노랑대로, 초록은 초록대로 모두 의미가 있습니다. 그 의미를 바라보는 삶은 여유가 있습니다. 늘 잘나가는 초록이면 좋겠지만, 그렇지 않더라도 괜찮다고 마음먹을 수 있는 여유 말이지요. 특별히 다문화 아이들을 바라보는 시선이 달라졌다는 걸 말씀드리고 싶어요. 초록 불을 한 번도 경험하지 않은 아이, 빨간 불 앞에서 주저앉는 아이, 노랑 불 앞에서 방황하는 아이들의 마음이 하나하나 각별하게 보이기 시작했다는 걸요. 그래서 그 아이들에게 제 마음을 보여주었습니다. 기꺼이 활짝 열어주고 싶었습니다. 그 활짝 열린 문 사이로 아이들이 들어왔습니다. 제 마음에 들어와 잠시 쉬어가는 아이, 저를 안아주고 가는 아이들을 바라보면서 느낀 소담한 이야기들도 담아보았습니다.

　이 책을 마무리하는 이 순간에 감사를 표하고 싶은 이들이 있습니다. 먼저, 저에게 새로운 삶을 선물해 주시고 이 책을 쓸 수 있게 인도해 주신 하나님께 감사드립니다. 아침마다 "감사합니다, 사랑합니다, 행복합니다."를 힘차게 외쳐준 우리 남편 전승환 님, 감사합니다. 사춘기가 절정임에도 엄마가 안아달라면 언제든 두 팔 벌려 겨털(?)을 보여주는 아들 전유원, 사랑합니다.

제가 근무하는 곳을 천국 수준으로 업그레이드 해주신 동료 선생님들께 감사합니다. 바쁜 와중에도 늘 저의 건강을 살펴주신 정홍교 부장님, 다정한 인사로 아침을 열어주신 박종혁 부장님, 따뜻한 마음으로 언니같이 촘촘히 챙겨주신 이영선 선생님, 운동루틴을 만들어 준 근육맨 장준수 선생님, 동료이자 친구로 도란도란 이야기를 나누어주었던 임상국 선생님, 개그 본능으로 언제나 텐션을 높여주는 이세혁 선생님, 제가 준비한 간식을 묵묵히 잘 드셔주셨던 류상일 선생님, 제 이야기에 깊이 공감해 주고 눈물로 화답해 주었던 손지후 선생님 감사합니다. 부족한 원고를 세상에 꺼내주신 읽고쓰기 연구소 이하영 편집자님께도 고마움을 전하고 싶습니다.

어쩌면 이 책이 두서없이 켜지고 꺼지는 신호등 같은 것일지 모르겠습니다. 그러나 그 속에서 삶을 지속하는 용기와 가르침을 지속하는 사랑을 발견해 주시면 좋겠습니다. 부디, 여러분의 삶 속의 모든 신호를 사랑하시기를 바랍니다. 감사합니다.

2025년 9월
유영미 올림

차례

프롤로그 '일단 멈춤' 신호 앞에서 • 5

빨강: 일단 멈추기

너, 이름이 뭐니 • 16 | 위기의 엄마들 • 21 | 따뜻한 커피 • 25 | 주파수 오류 • 30
한국인일 때와 아닐 때 • 36 | 매우 중요한 아이 • 40 | 친절 해방의 날 • 44 | 여기는 놀이동산 • 48
그의 교실에서 • 52 | 안녕 람부탄 1 • 56 | 안녕 람부탄 2 • 60 | 6교시를 기다리며 • 67
흔들리는 좋은 사람 • 72 | 첫눈과 연수 • 78 | 들깨가루가 그린 그림 • 83
다문화학교 교무실에서 나는 소리 • 87 | 그럴 수 있어 • 90 | 돌아와요, 인천(공)항에 • 95

주황: 주변 살피기

소원을 말해봐 • 100 | 안동 양반 • 104 | 1학년 업고 튀어 • 107 | 리모델링의 기쁨 • 110
숨은 작가 찾기 • 114 | 어딘가에 • 117 | 사춘기가 꽃피는 교실 • 122 | 미생미사 • 127 | 영미볶음 • 130
보조 셰프 • 135 | 오늘도 고구마 • 140 | 압도적 1등 • 144 | 아빠 힘내세요 • 149 | 카페인의 시간 • 153
크리스마스 선물 • 158 | 내 맘대로 경제교육 • 161 | 너의 욕구를 말해봐1 • 165 | 너의 욕구를 말해봐2 • 169

초록: 함께 건너기

스즈메의 문단속 • 174 | 비공식 학급 • 178 | AI와 함께 • 182 | 칭찬 대포 • 186

불타는 사랑 • 190 | 노란 넥타이 • 196 | 축사의 정석 • 202 | 위대한 장군들 • 207

다 방법이 있지 • 212 | 팝송을 불러봐 • 217 | 소설 쓰는 체육 교사 • 222 | 첫눈 약속 • 226

기발한 하트 • 229 | 휴업일엔 스키 • 233 | 계엄의 아침 • 238 | 너의 이름은 태민이1 • 243

너의 이름은 태민이2 • 247 | 너의 이름은 태민이3 • 250

에필로그 K-교사에게 • 255

> 바쁘게 걸어가다가도 뭔가 낯선 느낌이 든다 싶으면 일단 멈추는 법을 이제야 알게 되었어요. 불쑥 다가가지도 움찔 물러서지도 않고 가만히 멈춰서서 바라보는 거죠. 그러자 전에는 보이지 않던 것들이 보이고, 들리지 않던 것들이 들려왔어요. 그렇게 멈춰 선 순간에 얼마나 많은 선물을 받았는지요.

빨강
일단 멈추기

너, 이름이 뭐니

 학생들의 이름이 쓰여 있는 명렬표를 받았다. 화려한 문자들의 향연이다. 알파벳을 빌려 다양한 이름들이 춤을 춘다. 첫 글자부터 알파벳 X가 등장한다. 초등학생 때 정복했다고 자부하는 파닉스 실력도 화려한 알파벳의 조합 사이에서 처참히 무너진다.

 'Xin Tong'이라고 쓰여 있어 조심스럽게 읽어본다.
 "시… 인… 통?"
 진짜 이름인가 싶었지만 맞다. 신통.
 Cui로 시작하는 이름도 보인다. '퀴'라면 러시아 쪽 같고, '쉬'라면 중국 쪽 같았는데 정답은 '최'. 중국계다.

 Jing Mei.
 징메이? 혹시 정미인가 했더니 역시 정답! 정미.
 이쯤 되면 자신감이 붙는다. 그런데 러시아계 친구들이 발목을 잡는다. 이름이 너무 길다. 그들의 이름을 보고 있노라면 내가 안

나 카레니나 소설 속에 들어와 있는 것처럼 느껴진다.

  Victor Stanislavovich.

  성을 빼고도 이만큼이다. 조심스럽게 읽어본다. 빅토르! 맞았다.

  Aleksandra.

  오, 이건 쉽지. 알렉산드라, 맞지? 그런데 부를 때는 '샤샤'라고 한다.

  Artyom.

  혀를 굴린 아톰인가 싶었는데 '아르죰'이라고 해야 한단다.

  어느 날은 모든 이름을 다 알게 된 것 같아 자신만만했다가 또 어느 날은 한없이 자신감을 잃는다. 예컨대 내가 '다니엘'이라고 부르는데 통역 선생님은 '대닐'이라고 혀를 살짝 굴린다. 나도 '대닐'이라고 불러야 할지 고민이 된다.

  학기 말 성적을 입력하러 나이스(NEIS) 시스템에 들어가면 대문자로 콕콕 박힌 그들의 이름이 또 낯설기만 하다. 그래서 한글 명렬표, 한글+알파벳 병기 명렬표 두 가지가 모두 필요하다. 게다가 '부르는 이름'(애칭)이 따로 있는 친구라면 그것까지 메모해 둬야 한다. 지금부터 다문화 학생들의 이름을 쉽게 파악할 수 있는 꿀팁을 방출하겠다. (그렇다면 지금까지 한 것은 무엇?)

다문화 학교의 다양한 이름들

1. 나이스 시스템에 한글만 있는 경우

국적이 한국인이거나, 이미 한국 국적을 취득한 경우다. 단, 한국 국적을 가졌다고 해서 모두 한국어가 유창한 것은 아니라는 점을 유념해야 하니 방심하지 말지어다.

2. 나이스 시스템에 알파벳으로 표기한 경우

흐린 눈과 유연한 혀로 열심히 읽었는데, 혹시 한국 이름과 비슷한 느낌이 난다면 실제로도 한국식 이름을 가지고 있을 수 있다. 아무리 읽어봐도 감이 안 온다면 영어식 이름일 가능성도 있다. 이

리저리 도전하라. 스펠링대로 부르거나, 그것을 줄이거나, 애칭으로 부르는 경우가 있기 때문이다.

학기 초에는 나이스 시스템에서 명렬표를 내려받은 뒤 한글 표기를 병행하는 것이 좋다. 그리고 한글 표기와 실제로 부르는 이름(애칭)이 또 다를 수 있으니, 애칭까지 따로 적어두는 것을 추천한다.

이름 이야기가 나오니 김춘수 님의 시 「꽃」이 떠오른다. 문득 시를 빌려 내 마음을 전해보고 싶다.

내가 'Aleksandra'의 이름을 불러주기 전에는
그는 다만 하나의 몸짓에 지나지 않았다.
내가 알렉산드라의 이름을 불러주었을 때,
그는 나에게로 와서
'샤샤'라고 고쳐주었다.
마침내 내가 '샤샤'라고 불러준 것처럼
나의 이 빛깔과 향기에 알맞은
누군가가 나의 닉네임, '해피유쌤'이라 불러다오.
그에게로 가서 나도
그의 행복이 되고 싶다.
우리들은 모두
무엇이 되고 싶다.
너는 나에게, 나는 너에게
잊혀지지 않는 다문화의 경험이 되고 싶다.

★ 학생명렬표 양식

다문화학교는 조금 다른 학생명렬표 양식이 필요합니다.

1. 일반적인 양식에서 '학생 이름칸'을 넉넉하게 늘려주세요. 한국이름과 알파벳 병기 이름을 모두 써야 합니다.
2. '특징' 칸을 만들어서 학생의 국적을 입력해 주세요. 혹시 가능하다면 보호자의 성명 칸에 보호자의 국적도 작게 입력해 두면 추후 학생 지도에 도움이 됩니다.
3. '본교재학형제'를 반드시 입력해 주세요. 결석 시에 큰 도움이 됩니다. 여유가 된다면 친척이나 가깝게 연락되는 같은 국적의 학생도 기록해 놓으세요.
4. 가끔 부모님의 통역을 도와주는 분들이 있습니다. (지역센터 혹은 지인) 가능하다면 그 분의 연락처도 써놓으세요.

2000학년도 학급아동명부(학생비상연락망)

2000학년도 제 0학년 0반 담임 000

번호	학생명	성별	생년월일	보호자 부	보호자 모	특징	주소	연락처	본교재학
1	니키타 PYA NIKITA DMITRIEV			드미튜리	올레그	우즈베키스탄	다문화 1길, 203호	(부) 010-0000-0000 (모) 010-0000-0000 (통역) 010-0000-0000	1-2 알리나

위기의 엄마들

인정하고 싶지 않지만, 사실 나는 매일 위기 속에서 산다. 아이를 키운다는 건 참으로 귀하고 감사한 일이지만 망망대해 위에 홀로 남겨진 기분이 들 때가 많은 게 현실이다. 아이는 훌쩍 자라 사춘기다. 사춘기에 접어든 아들을 감당하기 힘들다고 매일 투덜거리던 중 다문화학교에 발령받아 이곳 엄마들을 만나게 되었다. 그리고 그들 앞에서 내 위기는 '진짜 위기'가 아니었음을 깨닫고 말았다. '위기의 엄마'라고 쓴 나의 명함을 다시 집어넣게 한 그들의 이야기를 함께 살펴보자.

1. 세대 차이 가정

부모 중에 아버지와 어머니의 나이 차이가 큰 경우가 있다. 가끔 1980~1990년대 문화를 고집하시는 아버지들이 있다. 그 옆에서 MZ세대 엄마들은 답답함을 호소한다.

내가 가르쳤던 한 4학년 학생은 누가 봐도 특수교육이 절실한 상황이었다. 왜 지금까지 특수교육 대상자가 되지 못했는지 알아보니 그 이유는 아버지의 극심한 반대 때문이었다. 그 아버지는 애를 왜 벌써 병신 취급하느냐고, 본인 눈에 흙이 들어가기 전에는 절대 그 종이에 사인할 수 없다고 했다.

2. 한부모 가정

다문화 가정 중에도 한부모 가정이 꽤 많다는 사실은 나에게 적잖은 충격이었다. 20여 년 전, 동남아에서 온 신부들이 도망쳐 돌아갔다는 소식을 어렴풋이 들은 기억이 있다. 그러나 요즘 동남아 출신 신부들은 본국으로 돌아가지 않는 것 같다. 그들은 혼자서 씩씩하게 생계를 책임지며 한국에서 한부모 가정을 꾸려간다. 그 안에 얼마나 많은 사연이 있을지 감히 상상도 못하겠다. 다만 그녀들이 키우는 아이들은 조금 더 관심 있게 지켜본다.

3. 폭력 가정

가정폭력으로 인해 부모와 분리되어 지내는 아이들도 있다. 서류상으로 이런 사정을 전혀 알 수 없다. 학부모 상담이나 경찰의 연락 등을 통해 뒤늦게 파악하게 된다. 평소에는 순한 양처럼 보이던 아이가 가끔 이해하기 어려울 정도로 극단적인 폭력성을 보일 때가 있는데 대개 가정에서 직·간접적으로 폭력을 경험한 경우이다.

4. 우울한 가정

계절에 맞지 않는 옷을 입고 다니는 아이가 있었다. 처음엔 가정폭력이 의심되어 유심히 관찰했지만 그런 흔적은 없었다. 그래서 티셔츠 몇 벌을 사다 주며 갈아입으라고 권하기도 했다. 그러던 어느 날 교실로 전화가 왔다. 아이 어머니가 깊은 우울감으로 쓰레기를 집안에 방치했다는 것이다. 지자체의 도움으로 아이들이 구조되었고 집은 깨끗해졌다고 한다. 그 뒤로도 계속 그 아이를 지켜보며 행정복지센터 직원과 자주 연락을 주고받았다. 시간이 지날수록 몸도 마음도 정돈되는 아이를 보며 뿌듯한 마음이 들었다.

5. 엄마가 무시당하는 가정

엄마가 한국어에 서툰 것을 부끄러워하는 아이들도 있다. 낯선 타지에서 하루하루 적응하기도 버거운 엄마들은 그 사실을 눈치채지 못하거나 알게 되어도 신경 쓸 여력이 없을 때가 많다.

아이들은 아이들대로, 부모는 부모대로 하루하루가 치열하다 보니 한 번 관계가 틀어지면 걷잡을 수 없이 멀어지는 느낌이 들기도 한다. 담임교사들은 아이들에게 부모님의 마음을 대신 전하기도 하고, 부모님에게 아이들의 마음을 대신 전해보면서 그 관계를 회복시키고자 노력한다. 그러나 그들은 손가락 사이로 빠져나가는 모래처럼 어느새 흩어지고 만다.

사연 없는 무덤이 없듯이, 사연 없는 가정은 없다. 나같이 호기심이 많은 교사는 그 사연을 금새 눈치챈다. 그러나 깊이 관여할 수는 없다. 교사란 참으로 애매한 존재인 것이다. 오늘도 아이들의 말, 행동, 그리고 때로는 냄새에 실려 수많은 사연이 교실에 퍼진다. 우리는 그 모든 사연을 사랑할 수는 없지만, 아이들만큼은 사랑할 수 있을 것이다.

문득 아이들이 끌고 오는 씻지 않은 냄새, 쓰레기 냄새, 담배 냄새를 맡을 때면 나는 속으로 이렇게 되뇐다.
'어떻게 냄새까지 사랑하겠어. 그냥 널 사랑하는 거지.'

따뜻한 커피

　러시아어 수업과 통역을 담당하는 원어민 보조교사 소피아는 우리 학교 정규 교직원이다. 소피아 선생님 말고도 러시아어 수업을 맡은 선생님이 다섯 분 계시는데 그들은 시간강사로 활동한다. 이분들의 고용 형태와 인건비 지급 예산의 출처가 제각각이다. 담임교사인 나로서는 한국어 특별학급이나 러시아 문화 수업 등을 지원받을 수 있어 좋지만, 관련한 행정 업무를 담당하는 분들은 일이 많을 것이다. 특히 책임을 맡은 다문화 부장 선생님이 수고가 참 많으시다.
　소피아 선생님은 의욕적이다. 짧은 머리에 동그란 뿔테 안경을 쓰고, 빠른 걸음으로 교내를 누빈다. 얼핏 보면 한국인인 나와 별로 다르지 않다. 하지만 통역과 번역을 능숙하게 하며 러시아 학생들의 여러 문제를 척척 해결할 때는 초능력을 가진 마술사 같다. 늘 웃음을 잃지 않으면서도 카리스마 넘치는 모습이 정말 멋있다.
　소피아 선생님이 교육 활동을 잘할 수 있도록 돕는 업무가 따로 있는데, 우리 학년 선생님 중 한 분이 그 담당자다. 소피아 선생님의 근태 관리나 급여 지급뿐만 아니라 연수나 협의회 때마다 그녀를 챙기는 일도 도맡아 한다.

어느 날 연구실 냉장고를 열어보니, 어제 연수에서 받은 샌드위치 하나가 남아 있었다. 궁금해서 물었다.

"이거 누구 거예요?"

"아, 그거 소피아 선생님 거예요. 오늘 드리려고요."

소피아 선생님도 교직원 협의나 연수에 참여해야 하지만 오후 수업이나 통역 업무 때문에 참석하지 못하는 경우가 가끔 있다.

"어? 소피아 선생님 샌드위치, 이거 아직 그대로 있네요?"

"드리긴 했는데요……."

담당 선생님께서 말끝을 흐리셨다.

"여기 그대로 있는데요?"

"안 받으신대요."

"왜요?"

"그게, 어떻게 된 거냐면……."

동료 교사들이 궁금해하자 담당 선생님이 할 수 없다는 듯이 비장한 표정으로 팔을 걷어붙이고 설명을 시작했다. 우리는 그의 팔뚝에서 그의 입으로 시선을 옮겼다. 내용은 이러했다.

어제 담당 교사는 소피아 선생님에게 연수 간식을 전달했다. 늦어서 죄송하다며 샌드위치를 건네었는데 소피아 선생님은 자기는 샌드위치를 별로 좋아하지 않는다고 했다. 그래도 이렇게 챙겨왔으니 맛이라도 한번 보시라고 권했는데 소피아 선생님은 단호하게 먹지 않겠다고 했다. 담당 교사가 머뭇거리자 소피아 선생님은 그러면 본인이 가져가겠다고 했다. 문제는 그다음 한마디였다.

"선생님, 그러면 샌드위치 저 주세요. 그거 제가 버릴게요."

'버린다'는 말에 당황한 담당 교사는 "버리실 거라면 제가 드리지 않을게요." 하고 샌드위치를 다시 가져왔다고 한다.

평소 친절하고 열정적인 소피아 선생님을 생각하면 믿기 어려운 이야기였다. 그래서 모두 고개만 갸웃거릴 뿐이었다.

"좋으면 좋다, 싫으면 싫다. 이렇게 정확히 말하는 게 러시아 문화인가 봐요?"

"그런 걸까요? 그래도 '제가 버릴게요'라는 말은 조금 지나치지 않나요?"

"그러게요. 그때 소피아 선생님 표정은 어땠어요?"

"그냥 일상적인 대화를 나누듯 편안해 보였어요. 저도 별다른 내색 없이 차분하게 이야기 나눴고요."

"그럼 그냥 러시아식 화법이라고 생각하는 게 좋을 것 같네요."

"그렇죠? 저도 그렇게 생각하려고요."

우리는 약간 찜찜한 결론을 내린 채 교실로 흩어졌다. 그리고 얼마 지나지 않아 카톡방에 사진 한 장이 올라왔다.

책상 위에 놓인 커피 한 잔과 소피아 선생님이 손으로 쓴 메모가 적힌 포스트잇이 찍힌 사진이었다. 소피아 선생님의 글씨를 확대해서 보았다.

"선생님, 어제 제가 잘못했습니다. 죄송합니다.
P.S. 바닐라 라테 맛인데 싫으시면 버리세요."

분명 '따뜻한' 커피였는데, 왠지 '안 따뜻한' 커피 같았다. 따뜻한 아이스 바닐라 라테라고나 할까? 어제 일은 그냥 '러시아 문화'라는 이름으로 덮어두고 이해하려고 했던 우리는 또 다른 질문을 만났다. 그녀는 왜 사과한 것일까? 그런데 또 왜 버리라고 한 것일까?

어떤 선생님은 문화의 차이가 아닌 것 같다고 했다. 어떤 선생님은 한국문화와 러시아문화 양쪽을 왔다갔다 하느라 힘든 상황에서 나타나는 언어적 혼란인 것 같다고 했다. 소피아 선생님을 불러서 어느 부분을 사과한 것인지 물어볼 수도 없는 노릇이었다. 한참의 토론 끝에 우리는 그 문장을 판단 없이 그냥 껴안기로 했다. 그리고 그 커피도 그냥 호로록 나눠 마시기로 했다.

그렇게, 결국 그 커피는 진짜 '따뜻한' 커피가 되었다.

소피아 선생님이 남긴 커피와 쪽지

★ 다문화학교의 업무분장

다문화학교는 다문화 학생들을 위한 특별한 업무분장이 있습니다. 한국어 강사, 이중언어지원강사, 원어민 보조교사 등의 인력이 학교에 들어오면서 이분들을 채용하고 인건비를 지급하는 업무가 있습니다. 혹시 해당 업무를 맡게 되었다면, 예산의 출처(교육부, 지자체 등)를 반드시 알고 출처에서 요구하는 매뉴얼 대로 예산을 사용하고 보고하여야 합니다. 단, 모든 다문화 학교에 강사 지원이 되는 것은 아닙니다. 지원 받는 학교는 예산 지원을 받아서 좋지만, 누군가는 행정 업무를 해야 합니다. 지원을 받지 못하는 학교는 선생님들께서 번역기를 활용하여 개인적으로 고군분투하고 있는 실정입니다.

2000학년도 00초 교수학습 지원 업무분장표

분과	부서	추진 업무	학년반	담당	비고
다문화부 (7명)	부장	▶다문화교육(상호문화이해교육)기획 및 총괄 ▶다문화가정학생 현황 관리 ▶교육 경비 보조사업(다문화 어울림 학교(공모), 다문화시비, 안산상호문화어울림학교) 기획 및 총괄 ▶다문화교육(상호문화이해교육) 네트워크 협의회 ▶경기유학교 ▶이대학교			
	한국어강사	▶다문화어울림학교(공모) 한국어강사 채용 및 운영			
	이중언어 지원 1	▶다문화어울림학교(공모) 이중언어 보조강사(러시아어A 1-2학년 통역 지원) 채용 및 운영 ▶경기도교육청 다문화언어강사(러시아어IC 1-2학년) 상호문화이해교육 지원) 채용 및 운영			
	이중언어 지원 2	▶다문화어울림학교(공모) 이중언어 보조강사(러시아어B 3-4학년 통역 지원) 채용 및 운영 ▶경기도교육청 다문화언어강사(러시아어ID 3-4학년 상호문화이해교육 지원) 채용 및 운영			
	이중언어 지원 3	▶다문화어울림학교(공모) 이중언어 보조강사(러시아어IC 5-6학년 통역 지원) 채용 및 운영 ▶다문화시비 운영 오후 중 수어교실			
	다문화 진로	▶영어교육행사추진(영어골든벨행사 등 영어관련 업무 및 행사) ▶다문화 관련 발레니 대회 ▶다문화 관련 연극학생 학부모, 교원) ▶다문화가정학생진로(장학금)			
	원어민 보조교사	▶안산상호문화어울림학교 운영 원어민보조교사(러시아어) 채용 및 선정 ▶5-6학년 상호문화이해교육 지원 및 다문화 특별반(한국어학급) 한국어 통역 지원 ▶다문화 통번역 지원통역 인력 관리, 가정통신문 번역)			

주파수 오류

"선생님, 방금 민준이가 선생님 욕했어요."
늘 최신 정보를 과할 정도로 빠르게 알려주는 보연이가 신나 보이는 표정으로 달려와 말했다.
"그래?"
"'지가 뭔데 상관이야' 이런 말도 했어요."
자세히 알고 싶지 않았지만 보연이는 들뜬 목소리로 계속 민준이가 한 부적절한 말들을 전해주었다.
"응, 알았어."
급하게 이야기를 마무리 짓고 3교시 수업을 하러 걸음을 옮겼다. 그런데 알 수 없는 뜨거움이 가슴 한구석에서 올라왔다. 오랜만에 느껴보는 뜨거움이었다.
민준이는 일명 '수업 방해 삼 대장' 중 대장이다. 세 녀석이 돌아가며 수업 흐름을 끊는데, 그중에서도 가장 대담하다. 전담 교사인 나는 매번 심도 있는 지도를 하기는 어려워서 너무 심할 경우만 간단히 지적하고 넘어가곤 했다. 오늘도 민준이는 듣기 거북한 큰 목소리로 단어를 따라 읽었다. 수업을 방해하겠다는 의도가 가득하다. 여기까지는 그래도 참을만했지만, 곧이어 다른 아이들에게 시비를 걸었다. 수업 진행이 쉽지 않았다.

"민준아, 그만!"

이 정도면 눈치를 보고 그만두기 마련인데, 오늘따라 민준이는 멈출 기색이 없었다.

"민준아, 그런 행동은 다른 친구들에게도 좋지 않고 너에게도 좋지 않아."

하지만 민준이는 전혀 상관없다는 표정이었다.

"민준아, 너는 자신을 사랑하는 사람이 아닌 것처럼 보여. 선생님은 그게 안타까워. 자신을 사랑하는 사람은 그렇게 행동하지 않거든."

"안 사랑하는데요?"

"뭐라고?"

"저는 저 안 사랑한다고요."

수업을 위해서라면 그냥 넘어갔어야 했는데, '사랑'이라는 단어가 내 발길을 멈추게 했다. 자기를 사랑하는 게 얼마나 중요한 일인지 꼭 알려주고 싶은 오지랖이 발동했다.

"얘들아, 선생님이 오늘 진도는 못 나가더라도 이 이야기는 꼭 해주고 싶어. 스스로를 사랑한다는 게 얼마나 중요한지 말이야."

나는 일장 연설을 쏟아냈다. 3분의 2는 진심으로 내 이야기에 귀를 기울였고, 나머지 3분의 1은 '수업 안 해서 좋다'는 표정을 짓고 멍하니 앉아 있었다. 민준이는 고개를 푹 숙이고 있었다.

"민준아, 너는 소중해. 알겠지?"

민준이의 대답을 듣고 싶었지만 마침 종이 울리는 바람에 분위기는 와르르 무너졌다.

"얘들아, 4교시에 보자."

오늘은 학교 행사로 운영하지 못한 영어 시간을 보충하느라, 2교시에 이어 4교시에도 민준이를 또 만나야 했다. 주섬주섬 짐을 정리하고 나가려는데 보연이가 다가와 민준이가 내 뒷담화를 했다고 귀띔하고 간 것이었다.

3교시가 시작되어 다른 반 수업을 위해 발걸음을 돌렸다. 2교시의 일 때문에 수업할 기분은 아니었지만, 심호흡으로 기분을 추스르고 아이들 앞에 섰다.

"선생님, 저 사춘기인가 봐요."

수다쟁이 다연이가 느닷없이 말했다.

"갑자기 웬 사춘기?"

"선생님, '내가 살고 싶은 집' 수업을 하다가 생각이 났어요. 저에게는 혼자 살 수 있는 아주 주 작은 집이 필요하더라고요."

다연이가 사춘기를 고백한 이유가 조금은 황당했지만 웃으며 대화를 이어갔다.

"얘들아, 어떤 심리학 박사님께서 말씀하셨는데, 사춘기는 정말 어려운 거래."

"왜요?"

"인테리어 공사할 때, 보통 짐 다 꺼내고 싹 새로 하잖아? 그런데 사춘기는 뇌 속에 있는 모든 짐을 그대로 둔 채 새로운 인테리어 공사를 하는 거랑 같대."

"헉, 그럼 완전히 난장판이겠네요?"

"응, 기존 뇌를 그냥 둔 채로 어른 뇌가 돼야 하니까 뒤죽박죽이 될 수밖에 없지. 그래서 너희들이 힘든 거야."

"아!"

아이들은 감탄사를 내뱉었다. 그 순간, '민준이도 지금 이 짐들을 다 빼지 않고 인테리어 공사를 하는 중이겠구나'라는 생각이 스쳤다. 그때 내 가슴을 뜨겁게 태우던 빨간불이 서서히 꺼지는 게 느껴졌다. 민준이를 향한 복수심(?)이 눈 녹듯 사그라들었다. 그리고 동시에 '주파수를 맞추지 말자'라는 해답이 떠올랐다.

민준이가 혼란스러운 주파수를 던진다고 해서 내가 굳이 전부 맞춰줄 필요는 없다. 잘못된 행동은 바로잡아 주고 다음엔 그러지 말라고 알려주면 되는 거다. 혹시 민준이가 받아들이지 못하더라도 너무 상처받지 말자고 다짐했다. 민준이는 스스로 통제하기 힘든 대혼란 상태일 수 있으니까.

4교시가 시작되기 전, 교실로 향했다. 그리고 복도로 민준이를 불러 말했다.

"민준아, 선생님이 너에게 사과받고 싶어서 불렀어."

부드러운 말투로 다가가자 민준이가 눈을 동그랗게 떴다.

"쉬는 시간에 '지가 뭔데' 이러면서 선생님 뒷담화했다는데, 사실이야?"

"네."

부인하면 어쩌나 했지만, 순순히 인정해 줘서 고마웠다.

"선생님은 그 말을 듣고 솔직히 마음이 좀 아팠어."

"……."

"선생님은 정말 진심으로 네가 자신을 사랑했으면 하는 마음에서 한 말들이었거든. 그런데 민준이에겐 그게 잔소리처럼 들렸다니 좀 충격이었어."

"……."

"선생님이 너에 대한 기대가 컸던 것 같아. 민준이가 조금 까불긴 해도, 그런 얘길 이해하고 받아들일 수 있는 아이라 믿었으니까. 근데 듣기는커녕 선생님 욕까지 했다니 솔직히 실망했지. 물론, 억울하고 화가 나면 선생님이 밉게 보일 수도 있어. 그렇다고 해도 그런 말들은 속으로만 하는 게 어땠을까 싶어. 결국 그 말은 네 입을 거쳐서 친구들 귀로 들어가고, 내 귀에도 들어오잖아. 그 말 듣고 기분 좋은 사람은 아무도 없었을 거야."

"죄송합니다."

"앞으로는 수업 태도도 좀 바꾸고, 나쁜 말도 안 하는 민준이가 되었으면 좋겠어."

"네."

"선생님은 민준이가 그렇게 바뀔 수 있다고 믿어. 그래서 이런 얘기도 진지하게 나눈 거야. 민준이가 선생님께 진심으로 사과하고 다음엔 그러지 않았으면 좋겠어. 선생님은 네 안에 변화의 힘이 있다고 믿거든. 그래서 계속 지켜볼 거야. 오늘 일로 오히려 더 멋진 사람이 되었으면 해."

"네."

민준이는 고개를 푹 숙였다. 조용히 교실로 들어가긴 했지만 혹시 또 이상한 주파수를 던지진 않을까 걱정이 되었다. 내 걱정과 달리 민준이는 기특할 정도로 내 주파수에 제대로 반응하는 것 같았다. 수업 시간 내내 민준이의 눈빛이 구슬처럼 반짝였다. 그 모습이 대견했다.

나는 아이들이 나에게 논리로 맞서면 논리, 힘으로 맞서면 힘을 쓰며 아이들이 내쏘는 주파수를 똑같이 되받아쳤다. 하지만 오늘은 의도적으로 주파수를 어긋나게 시도해 보았다. 그랬더니 사춘기 아이들에게 이 '주파수 오류'가 문제 해결의 열쇠가 될 수 있다는 걸 배웠다.

집에 돌아가는 길, 오늘 경험을 되짚으며 혼자 뿌듯해하고 있자니 남편이 또 잔소리를 쏟아냈다. '이 부분은 잘했지만, 다른 부분은 부족했다'는 식으로 내 행동을 평가하기 시작한 것이다. 나는 대뜸 한 마디 던졌다.

"여보, 나도 지금 사십춘기 주파수 중이니까, 거기에 좀 맞춰서 말해줄래?" (남편의 주파수 오류는 절대 용납 못 해!)

한국인일 때와 아닐 때

 다문화 학교를 관통하는 두 개의 키워드를 꼽으라면, 하나는 '언어', 또 하나는 '문화'일 것이다.
 언어 문제는 쉽지 않다. 생존의 문제이기 때문이다. 다문화 학생 비율이 꽤 높은 이 학교에서는 의외로 많은 통역과 번역 인력이 지원된다. 다문화 수업이 다양하게 마련되어 있고 진행방식도 각양각색이다. 번역기 앱을 활용하기도 하고 학생을 번역사로 활용하는 교사도 많다. 마음만 먹으면 언어의 장벽은 비교적 쉽게 넘을 수 있다.
 점점 더 절감하게 되는 건, 바로 '문화'의 문제다. 문화는 통역 시스템으로는 해결할 수 없는 장벽이다. 눈에 보이지 않는 요소들이 결합되어 있기에 시간이 흐를수록 교사들은 이 문제에 집중하게 된다. 문화적 이해나 소통의 부족으로 두터워진 마음의 벽은 종종 혐오의 표현으로 모습을 드러낸다.
 "야, 넌 한국인이 아니잖아!"
 어느 수업 시간, 모둠 활동 중 한 학생이 무심코 내뱉은 말이었다.

"나와!"

나는 차가운 목소리로 그 학생을 불렀다. 그러자 학생은 몸이 사막처럼 바싹 말라버린 듯한 표정으로 나왔다.

"죄송합니다."

학생은 곧잘 잘못을 시인했다.

"뭘 잘못했는데?"

나는 마치 남자친구를 잡는 여자친구처럼 새침하게 물었다.

"한국인……."

학생이 스스로 잘못을 깨달은 것 같아 크게 혼내지 않고 자리로 돌려보냈다.

며칠 뒤 그 학생이 울면서 나를 찾아왔다. 자초지종을 들어보니 본인이 학교에서 따돌림을 당했다는 것이다.

"한국 애들이 저를 따돌렸어요."

"너도 한국 사람인데, 무슨 '한국 애'?"

"전 귀화한 거잖아요. 엄밀히 말하면 저는 한국 애가 아니라고요."

나는 문득 며칠 전 일을 떠올렸다.

"너, 지난번에 네가 아이다르한테 했던 말 기억하니?"

"한국인."

그 학생은 '한국인'이라는 기준을 자기 입맛에 따라 바꿔 쓰고 있었다. 자신에게 유리할 때는 본인을 정체성을 한국인으로 정한다. 그렇게 한국인의 무리에 소속되어 비(非)한국인을 무시한다.

그러다 상황이 불리해지면 스스로 '한국인 범주'에서 탈출해 비(非)한국인 그룹으로 거처를 옮긴다. 그러곤 한국인들을 마음껏 욕한다. 정체성 혼란을 겪는 아이들을 많이 봤지만 이렇게 본인의 정체성을 입맛대로 조절하는 학생은 처음이었다. 아무리 생존이 중요하다지만, 이 태도는 반드시 짚어주어야겠다고 생각했다.

"네 마음에 들지 않는다고 친구들을 국적으로 구분해서 미워하는 건 옳지 않아. 게다가 네 멋대로 왔다갔다 하니 일관적이지도 않잖아."

나는 그렇게 따끔하게 지적했다. 그 아이는 그다음부터 '한국인'이라는 단어를 사용하지 않았다.

다문화학교는 세계시민교육을 강조한다. 특별히 배정된 예산을 활용하여 다양한 성취기준을 마련하고 많은 활동들을 운영한다. 그 속에서 정말 멋지게 성장하는 아이들도 있고, 그렇지 못한 아이들도 있다. 여러 프로그램들을 경험하면서 내가 느낀 것은 그 속에 반드시 '성찰'이 있어야 한다는 점이었다. 나 역시 흔들리고 꺾이고 무너지면서 나는 조금씩 그 성찰의 연습을 하게 되었다. 결국 내가 받은 선물 같은 키워드는 '성장'이었다. 어느 순간부터 나는 아이들의 '성장'에 날카롭게 집중하기 시작했다.

아이들은 '한국인으로 인정받고 싶어 하는 마음'과 '진짜 한국인이 아니라는 열등감' 사이를 매일 오락가락하며 흔들린다. 그 아이들 옆에 있는 내가 할 수 있는 건, 이 아이들에게 '오직 치열하게 성장하는 지금의 모습이 바로 정체성'임을 매일 심어주는 것뿐이다. 매일 교실에 성장의 씨앗을 뿌리는 나는 점점 더 솔직해진다. 내가 성장의 표본이 되기 위해 더 도전하고 더 무너진다. 내가 얼마나 우습게 넘어지고 다시 일어나는지 가감 없이 들려주고 보여준다. 아이들은 이런 나의 모습을 보면서 새로운 에너지를 얻는다. 그래서 나는 오늘도 더 과감히 도전하고 그 여정들을 기록한다. 이 속에서 나는 혐오의 그림자가 사라지고 희망의 새싹이 자라나는 것을 매일 목격한다.

나는 아이들 덕분에 오늘도 도전하고 또 자랐다.

열심히 공부하는 알리나

매우 중요한 아이

VIB라는 용어가 유행이다. VIB는 'Very Important Baby'의 줄임말이다. 저출산 시대에 태어나는 귀한 아이들을 위한 고급화 전략에서 사용되는 말이라고 한다. VIB들은 부모뿐만 아니라 조부모의 지갑까지 같이 갖고 태어난다. 최소 여섯 개의 지갑에, 이모, 고모, 삼촌까지 합치면 열 개가 넘는 지갑에서 VIB를 위한 돈이 쏟아져 나온다.

아이가 귀한 시대다. VIB라는 신조어가 나올법하다. 그러나 다소 우려스럽다. 어릴 때부터 많은 도움 속에서 자라는 아이는 아무것도 스스로 할 필요가 없게 된다. 결국 아무것도 하지 못하는 아이로 자라날까 걱정된다. 항상 내가 먼저여야 한다고 생각하는 그 아이들에게 배려라는 것을 어떻게 가르쳐야 할지도 고민이 된다.

교사들은 요즘 이 VIB들이 잘못하면 나중에 VIP가 될 수 있다고 걱정이 많다. 안 그래도 자기중심적 사고가 강한 아이들이 태어날 때부터 과도한 VIB 문화 속에서 자라면 진짜 특별한 대우(?)를 받는 VIP가 될 수 있다는 말이다.

안타깝게도 학교에서 VIP는 좋은 의미로 쓰이지 않는다. 금쪽이라는 단어가 없던 시절, 교사들은 지도하기 가장 어려운 학생들을 VIP라고 표현하곤 했다. 이 VIP들에게는 공통점이 있다. 그 학부모들이 진짜 'VIP 대접'을 요구하는 일이 잦다는 것이다.

"선생님, 저희 아이는 예민해요. 좀 더 신경써 주세요."

"선생님, 저희 아이가 ○○ 때문에 학교 가기 싫대요. ○○ 좀 혼내주세요."

부모들의 VIP 정신이 그 아이들을 진짜 VIP로 만들어버리는 경우가 많다. 최선을 다한 부모님들은 VIP 정신의 문제점을 모르다가 자녀의 문제 행동을 통해 그 정신의 문제점을 발견한다. 문제는 그 이후 부모님들의 태도다. 거부할 것인가 인정할 것인가. 그 사이에서 부모님들은 많이 흔들린다. 가끔 억울함과 분노의 감정을 학교에서 해소하려는 태도를 볼 때면 참으로 안타깝다. 반면 끊임없이 고민하고 노력하는 VIP라면 정말 적극 도와주고 싶다. 나 또한 자녀를 키우는 부모이기에 그런 부모들의 답답함을 모르는 것은 결코 아니기 때문이다.

그러나 선생님만 믿는다는 말과 행동만 반복하는 분들은 도와줄 의욕이 전혀 생기지 않는다. 진정한 신뢰를 전달받은 느낌이 아니라, 책임만 오롯이 전가 받은 찜찜한 느낌만 남기 때문이다. 게다가 그렇게 말하는 부모 중에 진짜로 선생님만 믿는 경우가 없다는 것을 교사들은 이미 다 알고 있다.

교육에는 시간과 정성이 필요하다. 그리고 가정과 학교가 함께

힘써야 한다. 학교에 간다고 해서 나쁜 행동이 단번에 교정되는 동화 같은 이야기는 없다. 부모와 교사가 함께 고민하고 노력한 끝에 멋지게 변하는 VIP는 여전히 존재한다. 몇 번의 경험을 통해 나도 더 이상 VIP를 두려워하거나 미워하지 않는다.

그 아이의 결말은 둘 중 하나다. 변하거나, 변하지 않거나. 교사는 시간이 필요한 문제라고 인식하면 기다릴 수 있다. 아주 냉정하게 말하자면 교사는 일 년만 기다리면 되는 문제이기 때문이다. 시스템상 일 년 후 교사는 학생에 대한 책임에서 벗어날 수 있다. 그러나 부모는 그렇지 않다. 평생의 문제이다. 이 사실을 깨달은 부모는 현명한 선택을 한다. 지금의 문제해결을 교사에게 미루거나 교사를 탓하지 않는다. 자녀 문제를 교사에게 미루거나 탓하는 부모는 아직도 그 문제를 직면하지도 받아들이지도 못한 것이다.

자녀의 문제를 직면하고 수용한 현명한 부모들의 질문은 'How'로 시작되고, 그 과정은 많은 노력과 시도로 이어진다. 그 과정에서 그들은 답을 찾고 더 나은 방향으로 나아간다. (반면에 'How'가 아닌 'Why'만 반복하는 부모도 있다. 그 결과는 앞의 내용과 반대다.)

오늘도 교사들은 VIP 학생들을 만난다. 원래 멋진 의미를 지닌 단어가 이렇게 다른 의미로 쓰이는 것이 안타깝다. VIB, VIP 이런 단어들이 주는 혼란 속에서 문득 나는 학생들을 어떻게 바라보는가에 대하여 생각하게 되었다. 고민 끝에 내가 내린 결론은 VIS다. (갑자기 소개되는 이 용어에 당황하지 마시라. 방금 내가 만든 것이니까.)

VIS(Very Important Student).

저출산 시대에 아이들은 정말 눈에 띄게 줄어들었다. 학교가 사라지고, 학생 수가 줄어든다. 존재만으로도 귀한 아이들이다.

다문화학교 아이들은 어떨까?

처음에는 다문화학교에 쏟아지는 여러 지원을 보며 화가 날 지경이었다. '역차별이 아닐까?' 싶을 정도로 다양한 혜택이 쏟아지는 것 같아 질투가 났다.

하지만 시간이 지날수록 깨달았다. 이곳도 하나의 사회이며, 이 작은 사회가 결국 한국 사회에 큰 영향을 줄 아이들이라는 것을. 그래서 나는 이 작은 사회에 관심을 가지고 이 사회부터 건강하게 만들어야겠다고 결심했다. (물론 나 혼자만의 힘으로는 안 되는 일이지만.)

나는 이 아이들을 한국 사회의 VIS로 재정의하고, 나에게 맡겨진 아이들을 위해 최선을 다하기로 마음먹었다. 아이들을 바라보는 내 편견을 조금씩 걷어내자 학교생활에서 의미를 찾을 수 있었다. 그리고 이곳에서 겪는 어려움에 대해 다른 관점에서 생각해보는 습관도 선물받았다. 다양성은 위기가 아니라 새로운 에너지다. 다양성을 통해 우리는 더욱 크게 성장할 수 있다. 나는 지금 다양성의 중심에서 매우 중요한 것들을 먼저 맛보고 있는 중이다.

나는 '매우' 중요한 아이들을 만나기 위해 출근하는, '매우매우' 중요한 존재가 되었다. (아이들에게는 '매우' 한 번, 나에게는 '매우' 두 번.)

친절 해방의 날

"감사해요. 늘 친절한 5반 선생님!"
"제가 뭘요."
"늘 친절을 베풀어주셔서 감사해서요."
"그런데 저는 '친절'이라는 단어를 그리 좋아하지 않아요."
세상 누구보다도 친절해 보이는 그가 '친절'이라는 단어를 싫어한다니, 꽤 의외였다. 놀랐지만 놀라지 않은 척하며 그의 말에 귀를 기울였다.
"특히 저는 교원평가 주관식 문항에서 '친절한 선생님'이라는 표현을 볼 때 기분이 나쁘더라고요."
"왜요? 칭찬 아닌가요?"
"제가 아이들에게 베푼 건 '교육'이지 '친절'이 아니거든요. '친절'이라는 말, 겉으로는 좋아 보이지만 의외로 폭력적인 단어일 수 있어요."
"폭력적이라고요?"
그는 자신의 교육 활동이 단순히 '친절'이라는 한마디로 뭉뚱그

려지는 게 못마땅했다. 돌이켜보면 나 역시 친절한 교사라는 프레임 속에서 스스로 '친절'이라는 강박을 부여하며 꽤 큰 자부심을 느껴왔다. 그런 나에게 그의 말은 신선한 충격으로 다가왔다.

물론, 학부모들이 '친절하다'는 표현에 담은 진심을 좀 생각해 보면 어떻겠느냐고 설득해 볼 수도 있었지만, 그는 그런 말에 넘어갈 사람은 아니라는 것을 알았기에 나는 그냥 입을 다물었다. 집에 돌아와서 '친절'이라는 단어를 검색해 봤다.

친절
대하는 태도가 매우 정겹고 고분고분함

뜻을 읽고 나니, '정겹다'라는 단어가 궁금해졌다.

정겹다
정이 넘칠 정도로 매우 다정하다

그렇다면 '정'은 무엇일까? 너무나 자주 쓰고 듣던 단어지만, 막상 딱 잘라 설명하기가 애매했다. 답답한 마음에 이번엔 '정'을 검색해 봤다.

정
1. 느끼어 일어나는 마음

2. 사랑이나 친근감을 느끼는 마음
3. 혼탁한 망상

  1, 2번 뜻은 익숙한데, 3번에서 뜻밖의 충격을 받았다. '정'이 많으면 많을수록 좋은 줄만 알았는데, 거기에 '혼탁한 망상'이라는 뜻이 붙어 있다니 깜짝 놀랐다. 당장 국립국어원에 전화해 따지고 싶었다. 한국인의 정서를 가장 잘 표현한다고 믿었던 바로 그 한 글자(초코 과자 표지에도 당당히 써 있는 그 글자)에 이런 해괴한 뜻이 있을 줄이야. 썩 유쾌한 발견은 아니었지만, '혼탁한 망상'이라는 의미를 곰곰이 생각해보기로 했다. 대체 왜 '정'이 혼탁한 망상이란 말인가?

  멍하니 앉아 있는데, 어느 순간 문득 이런 문장이 떠올랐다.

  '당신은 왜 정이 '혼탁한 망상'일 수 없다고 생각하십니까?'

  내가 그동안 '정'이라는 단어에 쏟아부었던 마음들이 어쩌면 혼탁한 망상은 아니었나. '정'이라는 글자에 너무 많은 정(情)을 주고 있었던 나의 모습이 눈앞에 그려졌다. 어쩌면 이것이야말로 '정'이라는 단어가 지닌 혼탁한 망상이자 가시였을지도 모른다.

  나는 그동안 '정'이라는 단어를 학급 운영의 중심 가치로 삼고 '정'의 사도가 되면 자연스럽게 '정의(正義)'의 사도가 될 수 있으리라는, 어찌 보면 순진한 믿음으로 교사 생활을 해왔다. 물론 시행착오 끝에 학급 운영 원칙들을 조금씩 세워가기도 했지만, 결정적인 순간에는 늘 '정'에 호소했던 내가 떠올랐다. 오늘에서야 지난 내 모습이 부끄럽게 느껴졌다.

　친절과 다정함이 우리의 교사 생활에 도움이 될 수도 있지만, 그것이 전부여서는 안 된다. '정'을 지나치게 강조하다 보면 교실이 오히려 혼탁해질 수도 있음을 오늘에서야 제대로 깨달았다. 그리고 오늘, 나는 '친절'이라는 틀에서 진정한 독립을 선언한다. 이 독립을 통해 더 큰 사랑을 이루는 사람이 될 것이다.

　이제는 마지막으로, '사랑'의 사전적 의미를 살펴볼 차례다. (오늘은 왠지 사전을 꼭 끌어안고 자야 할 듯한, '정'이 넘치는 밤이 될 것 같다.)

여기는 놀이동산

출근하려고 나서는데, 1층 구석에서 지은이가 울고 있었다.
"지은아, 왜 울어?"
"엄마 때문에요."
엄마라는 말에 혹시 편찮으신 건 아닌가 싶어 발걸음을 멈췄다.
"엄마가 왜? 아프셔?"
"아니요. 오늘 회사를 안 가고 친구랑 놀러 간대요."
"그런데 왜 울어?"
"저는 학교에 왔는데 엄마가 놀러 간다니까 괜히 화나잖아요."
어이가 없었다. 그래도 큰일은 아니라서 한편으로는 다행이라고 생각했다.
"야, 너도 학교에 놀러 왔다고 생각해! 지금부터 여기를 '놀이동산'이라고 생각하자."
"에이, 선생님. 학교가 어떻게 놀이동산이에요?"
"다 마음먹기에 달린 거야. 오늘은 공부는 좀 살살 하고, 급식도 더 맛있게 먹어보는 거지."

지은이는 고개를 갸우뚱했다. 긍정해야 할지 부정해야 할지 고민하는 표정이었다.

"야, 뭘 그렇게 고민해. 그냥 한번 해봐. 손해 볼 것 없잖아."

"아, 네."

지은이는 내 설득을 듣더니 마치 원효대사 해골 물을 마신 듯 표정이 밝아졌다. (물론 내 앞이라 그런 척했을 수도 있지만.) 그래도 순순히 조언을 받아들이는 지은이가 기특하고 고마웠다.

3교시 수업 시간이었다. 그날은 수업 시작 전에 5분 정도 여유가 있었다. 무얼 할까 고민하다가, 아침에 지은이와 나눈 대화를 아이들에게 들려주었다.

"선생님, 진짜예요?"

"야, 설마 내가 거짓말하겠니?"

"아, 그렇긴 하죠."

"얘들아, 학교 오기 싫은 날이나 힘든 날이 다들 있잖아?"

"네!"

아이들은 뜨거운 공감을 보이며 크게 대답했다.

"저는 매일 그래요."

아이에게 '너를 등교시키는 어머니는 얼마나 힘드시겠니?'라고 말해주고 싶었지만, 꾹 참았다.

"그래, 고생이 많네. 근데 선생님도 마찬가지야. 유난히 출근하기 싫은 날이 있거든. 그럴 때 선생님은 학교를 놀이동산이라고 생각해. 오늘도 그런 마음으로 왔어. 너희와 이렇게 얘기 나누는 게

나한테는 놀이야."

"선생님, 그게 말이 돼요?"

사시사철 시크한 지훈이가 삐딱한 자세로 한마디 툭 던졌다.

"얘들아, 봐봐. 평소에 말이 없는 지훈이가 이렇게 의견을 내잖아. 지금이 선생님에겐 불꽃놀이 같은 축제야! 지훈아, 의견 내줘서 고마워!"

지훈이는 귀가 빨개져서 당황한 듯했다. 예상치 못한 칭찬과 관심에 쑥스러워하는 모습이었다. 3교시가 끝나고, 복도에서 아침에 울던 지은이를 다시 만났다.

"지은, 놀이동산?"

내가 눈을 찡긋거리며 인사를 건네자 지은이 옆에 있던 친구들이 궁금한 듯 물었다.

"지은, 무슨 말이야?"

"혹시 너 선생님이랑 놀이동산 가?"

"아니, 그런 게 있어."

지은이는 친구들의 질문 공세에 부끄러운 듯이 웃고 나에게 눈인사를 보냈다.

내가 손가락으로 '오케이' 사인을 보내자 지은이는 손가락 아주 작은 동그라미 사인을 만들어 답했다.

"야, 뭐야. 뭔데?"

친구들이 지은이를 흔들었지만, 지은이는 말없이 그냥 웃을 뿐이었다.

지은이의 뒷모습에서 마치 츄러스 향이 나는 것 같았다. (퇴근 후 정말로 에어프라이어에 츄러스를 데워 먹었다는 건 안 비밀.)

그의 교실에서

　7반 선생님은 우월한 유전자를 물려받았다. 배구 선수 같은 피지컬의 소유자이다. 180cm를 훌쩍 넘는 큰 키와 단단한 근육을 지녔는데 행동은 생각보다 작다. 말도 별로 없어서 처음에는 원래 성격이 그런가 했다. 그런데 겪어보니 그의 언행에는 절제라는 삶의 지혜가 묻어 있었다.

　우연히 술자리에서 그의 군대 시절 이야기를 들을 기회가 있었다. 군 복무 시절에 '악의 축'으로 지목된 적이 있었단다. 큰 몸과 큰 행동이 조합된 20대 초반의 그는 군대에서 큰 시련을 겪은 듯했다.

　'큰 몸 + 큰 행동'의 조합은 사람들에게 공포를 준다. 오롯이 힘의 논리가 그의 삶을 지배할 것이다. 그를 힘으로 누를 만한 존재가 나타나지 않는 한 그는 무소불위의 권력을 누리겠지만 언젠가 더 큰 힘은 나타날 것이고 그러면 쓸쓸히 물러나야 한다.

　'큰 몸 + 작은 행동'의 소유자는 사람들의 호기심을 자극한다. 주먹질(?) 한 번이면 끝날 일을 대화로 해결하는 모습을 보면서 어떤 이는 열심히 키운 근육이 아깝지 않냐고 반문할 수도 있겠지만 대부분은 그 근육을 함부로 사용하지 않는 그를 신사적이라고 칭찬한다.

언제나 조용한 그가 궁금해졌다. 워낙 말수가 적어서 파악하는 데 시간이 오래 걸렸지만, 공포와 호기심 사이에서 그를 관찰해 보기로 했다. 특히, 그가 언제 몸을 크게 움직이는지 궁금했다. 수개월 동안 지켜보았지만 잘 보이지 않았다. 자세히 살펴보니 교사들 간의 교류에서는 나타나지 않았고 주로 학급 운영에서 발견할 수 있었다.

그는 교실에서 풍선 배구를 운영하며, 아이들의 풍선 배구 능력치를 주기적으로 측정하고 게시했다. 칠판에 붙어 있는 '풍선 배구 능력치'를 보며 나는 웃음을 터뜨렸다. 너무나 신선한 아이디어였다.

학생들의 풍선 배구 능력치는 스파이크 파워, 반응속도, 패스, 블로킹, 수비 범위, 공격 성공률, 상황판단, 서브 등으로 나뉘어 측정된다. 처음 보는 프로급 분석력 앞에서 나는 무릎이라도 꿇어야 할 것 같았다. 궁금증을 못 참고 영어 학습지를 풀고 있는 아이들에게 말을 걸었다.

"애들아, 너희 선생님은 이걸 어떻게 일일이 다 측정해?"

"그건 선생님이 직접 다 측정하세요. 우리 선생님이 배구를 잘하시거든요. 아무도 못 이겨요!"

나의 수업 시간과는 달리 순한 양이 된 듯한 아이들의 모습이 괜히 얄미웠다. 그래서 은근히 아이들을 선동(?)하기 시작했다.

"그런데 말이야, 혹시 이 결과에 불만은 없어?"

"네."

"진짜? 너희 선생님이 신도 아닌데, 가끔 틀릴 때도 있지 않아?"

"아니요."

아이들은 울산바위처럼 꿈쩍도 하지 않았다. 질투심이 폭발한 나는 비장의 무기를 쓰기로 했다.

"솔직히 말해봐. 너희 선생님 무섭지 않아?"

"아니요."

"괜찮아, 우리끼리니까 솔직히 말해도 돼."

어느새 나는 사탕을 내밀며 비밀을 폭로하라고 재촉하는 염탐꾼으로 변신했다.

"우리 선생님은 보기엔 그럴지 몰라도 절대 무섭지는 않아요."

"말 안 들으면 나처럼 소리치지 않으셔?"

"우리 선생님은 큰소리를 안 내세요."

"몸도 그렇게 크신데 큰소리까지 내면 진짜 무서울 텐데, 왜 안 그러실까?"

"우리 선생님은 진짜 멋있으니까요."

더는 할 말을 찾지 못했다. 아이들도 이미 그의 작은 행동에 마음을 빼앗긴 듯했다. 그의 뒷이야기를 캐고 싶었던 나는 쥐고 있던 호미를 내던졌다. 그래, 졌다. 완패였다.

그도 폭발할 때가 있다는 비밀을 세상에 폭로해 보겠다는 야심

찬 계획은 물거품이 되었다. 독이 바짝 오른 나는 그래도 그를 좀 더 종합적으로 판단하기로 했다. 그래서 '학급 운영 능력치'라는 것을 만들어 그의 모든 행동을 수치화하기로 결심했다.

하지만 문제가 생겼다. 학급 운영 능력치라는 제목을 큼지막하게 종이에 쓴 뒤로는 아무것도 쓸 수 없었다. 결국 이 은밀한 작업은 질투에서 시작된 것일 뿐 어떠한 성과를 얻을 수 없다는 사실을 한 시간 만에 인정하고 말았다.

'스파이크 파워'나 '반응속도'처럼 눈에 보이는 기준도 아니고, 학급 운영 능력치라는 걸 굳이 만들어야 할 이유도 없었다. 사실은 '큰 몸 + 작은 행동'이 부러워서 질투를 부린 내가 혼자 광란의 칼춤을 춘 셈이었다. 나는 '작은 몸 + 큰 행동'으로 모두에게 웃음거리가 되고야 말았다.

결국 다시 마음을 가라앉히고 그의 교실을 바라봤다. 그의 교실은 어디까지나 그의 교실이었다. 이것으로 그의 관찰 보고서를 마친다. (특별히 얻은 것은 없으나, 이 글 한 편이 완성되었으니 그것으로 만족이다.)

안녕 람부탄 1

 오늘 나는 임시담임으로 임명받았다. 나의 영어 수업 시간은 자연스럽게 5학년 담임 선생님들의 몫이 되었다.
 "선생님들, 죄송합니다. 저는 오늘 3학년 임시담임이 되었습니다. 보결펌으로 변신하여 귀여운 3학년 아이들을 만나고 오겠습니다. 모두 파이팅입니다!" 5학년 담임 선생님들께 죄송한 마음을 이렇게나마 씩씩한 인사로 대신 전했다. 5학년 선생님들도 씩씩하게 응했다. "오늘 수고 많으시겠네요!"
 호르몬의 영향으로 감정 기복이 있는 고학년 교실에만 있다 보면 언제나 발랄한 저학년 교실이 그리워질 때가 있다. 오늘이 딱 그날이다. 오랜만에 그 그리움을 해소할 하루를 선물받았다고 생각했다. 두근거리는 들끈 마음을 들키지 않으려, 최대한 시크하게 교실에 들어섰다.
 "안녕하세요." 눈이 동그란 한 학생이 나를 보고 인사한다.
 "응, 안녕." 나는 최대한 간결하게 대답했다. 짧은 인사를 건네는 선생님을 보자 아이들은 마치 3월로 돌아간 듯 경계하며 나를 살피기 시작한다. 새로 온 임시 선생님에 대한 호기심과 경계심이 동시에 발동되고 있는 것이다.

시크하게 입장했지만 사실 마음은 급하다. 오늘 수업 일정과 내용을 확인해야 하기 때문이다. 다행히 원래 담임 선생님께서 수업 자료를 잘 정리해 놓아서 곧바로 파악할 수 있었다. 그가 남긴 편지글을 읽으면서 1교시부터 6교시까지 시뮬레이션을 돌려본다.

1교시 수학 시간에는 '분수', 2교시는 체육 전담 시간이었다(앗싸). 3·4교시에는 과학 실험이 있고, 5·6교시는 미술인데 자료가 모두 준비되어 있으니 걱정이 없었다.

물론 교실이란 곳은 아무리 계획을 철저히 세워도 내 뜻대로 되지 않을 때가 많다. 언제든 싸우는 학생, 다치는 학생, 말 안 듣는 학생이 나올 수 있기 때문이다. 그래서 흔히 인용되는 신학자 라인홀드 니버의 기도문을 살짝 빌려 마음속으로 기도해 본다.

> 주여,
> 저에게 바꿀 수 없는 학생을 받아들이는 평온함을 주시고,
> 제가 바꿀 수 있는 학생을 바꾸는 용기를 주시며,
> 그 둘의 차이를 분별할 수 있는 지혜를 허락하소서.

오늘 하루, 나에게 쏟아질 평온과 용기와 지혜를 기대하며 아이들의 얼굴과 이름을 확인하기 시작했다. 그런데 이름도 확인하기 전인데도 벌써 눈에 띄는 아이가 있다. 모두가 아침 독서를 하

고 있는데 그 아이만은 딴 세상 사람처럼 정신없이 돌아다닌다. 앉으라고 하니 책상 위에 온갖 장난감을 올려놓고 만지작거린다.

본능적으로 이 아이가 바로 '바꿀 수 없는 학생을 받아들이는 평온함'을 발휘해야 하는 아이라는 예감이 들었다.

"너 이름이 뭐니?"

"……."

까만 피부에 짧은 까까머리 소년이 불만스러운 눈빛으로 나를 쳐다본다.

"이름이 뭐냐고."

다른 아이들이 그 아이의 이름을 알려주는데 서로 다른 이름을 동시에 말해서 알아듣기 힘들었다.

"뭐라고?"

스무 명이 한꺼번에 큰 소리로 말하니 도무지 들리지 않았다.

"람보당?, 람부탄?"

이번에는 또 다른 아이가 나서서 정확히 말해준다.

"선생님, 람부탄이 아니고 남복당이에요."

"남복당?"

까까머리 소년이 그제야 만족한 듯 고개를 끄덕인다.

"복당아, 너 어느 나라에서 왔어?"

"우즈베키스탄."

급히 출석부를 살폈다. 맨 뒷번호였다. 아마도 중도 입국 학생인 듯했다. 해외에서 태어나 학기 중간에 우리나라로 들어온 경우

출석부 맨 뒷번호에 배정되기 때문이다. 이런 학생들도 다양한 지원이 필요하지만 이미 지원받고 있는 학급이 '만석'인 경우가 많아서 입급이 어려울 때가 있다. 우리 학교도 다문화 학생들을 위한 한국어 학급이 있으나, 늘 만석이라 대기자가 넘쳐난다. 거기에 복당이가 들어갈 자리는 없었다. 나는 복당이를 따로 불렀다.

"복당아, 한국말 알아들을 수 있어?"

고개를 끄덕인다.

"고갯짓하지 말고 입으로 대답해 봐."

"응."

"'응' 말고, '네'라고 해봐."

"네."

"잘했어."

"오늘 하루 선생님이랑 지낼 건데, 돌아다니지 말고 조용히 앉아 있을 수 있겠어?"

"응."

장난스럽게 눈을 흘기니, 복당이가 웃는다. 그는 재빨리 말을 바꾼다.

"네."

'응'에서 '네'로의 작은 변화가 주는 기쁨에 용기가 불끈 솟았다.

나일론(?) 신자지만 기도가 절로 나온다.

오우! 주여! 감사합니다!

안녕 람부탄 2

1교시 수학 시간. 대분수와 가분수를 비교하는 내용으로 수업했다. 많은 3학년 어린이들이 분수를 배우면서 수학을 포기하기에 분수 개념을 충분히 익힐 수 있도록 '과하면 과할수록 좋다'라는 신념 아래 최대한 재미있게 분수 변형 방법을 설명하고 문제 풀이를 반복했다.

이미 알고 있는 아이들은 지루해하는 기색이 보였지만, '람부탄', 아니 '남복당' 같은 친구들을 위해서라도 최선을 다해야 한다고 생각하며 설명에 설명을 거듭했다.

"애들아, 이제 알겠지? 혹시 아직도 모르겠다는 친구 있으면 손 들어 봐."

"나!"

남복당이 손을 들었다. 같은 문제를 이미 두 번이나 설명해 줬는데 또다시 손을 들다니 정말 야속했다. 그래도 남복당의 열정을 높이 사며 다시 한번 인자한 표정을 지어 보이고 설명을 이어 나갔다.

"자아, 선생님이 이번에는 말 속도까지 느~~~~리~~~~게~~~~ 설명해 줄게. 마지막이니까 잘 봐."

나는 일부러 나무늘보가 된 듯 천천히 말하고 눈도 천천히 껌벅거리며 설명했다.

"이제 아알게엣지이?"

남복당이 고개를 끄덕였다.

"고개 말고, 말로 대답하라고."

내가 남복당 앞으로 가서 나무늘보 연기를 하며 고개를 내젓자 아이들은 우스꽝스럽다며 깔깔대고 웃었다. 남복당은 양손 엄지를 치켜세우며 외쳤다.

"선생님, 최고!"

"뭐야! 남복당, 너 한국말 할 줄 알았어?"

남복당이 치켜든 엄지보다 더 놀라운 것은 그의 유창한 한국어 실력이었다. 복당이는 별거 아니라는 듯 어깨를 으쓱했다.

2교시 체육 전담 시간이 끝나고 3교시 과학 시간이 되었다. 이번 시간에는 눈에 보이지 않는 공기의 존재를 수조 실험으로 확인해 보는 활동이었다. 실험내용을 간단히 정리해 보면 다음과 같다.

  A수조: 물이 가득 찬 수조에 스티로폼 공을 띄운 뒤, 뚜껑이 닫힌 '반으로 자른 페트병'을 위에서 누르듯이 물 속으로 밀어 넣는다.

B수조: 물이 가득 찬 수조에 스티로폼 공을 띄운 뒤, 뚜껑이 열린 '반으로 자른 페트병'을 위에서 누르듯이 물 속으로 밀어 넣는다.

A수조에서는 페트병 안에 갇힌 공기가 물을 밀어내면서 물과 스티로폼이 같이 움직인다. 반면 B수조에서는 페트병 속 공기가 뚜껑 쪽으로 빠져나갔다. 더 이상 공기의 영향받지 않는 물과 스티로폼이 움직이지 않는다.

3교시 수업이 끝나고 남복당이 내게 다가왔다.
"선생님, 이것 봐."
복당이는 교사용 수조에 거침없이 손을 집어넣더니, A수조 실험처럼 페트병을 수조 속으로 넣었다가 살짝 들어올렸다. 공기가 위로 올라가자, 바닥까지 가라앉았던 스티로폼이 다시 둥둥 떠올랐다. 그러다 페트병 뚜껑을 열자 그 안에 있던 공기가 뚜껑 밖으로 빠져나가면서 스티로폼이 뚜껑 쪽까지 쭉 치솟았다.
"우와!"
나도 모르게 감탄사가 터져 나왔다.
"복당아, 이거 어떻게 생각해 낸 거야?"
"그냥!"
"이거 나중에 친구들한테 보여줄 수 있지?"
"네."

4교시가 시작되자마자, 나는 약장수가 된 듯 호들갑을 떨었다.

"자, 애들아! 날이면 날마다 오는 쇼가 아닙니다! 자, 집중하십쇼! 이름하여 남복당쇼!"

복당이는 마치 마술사처럼 스티로폼을 자유자재로 움직여 보였다.

"와아!"

아이들이 물개박수를 치며 감탄했다.

"애들아, 복당이 진짜 똑똑한 것 같……."

그때 갑자기 내 얼굴에 찬물이 끼얹어졌다. 흥분한 복당이가 페트병을 힘껏 들어올리면서 안에 남아 있던 물을 주룩 흘려버린 것이다. 본인도 많이 놀랐는지 아무 말 없이 나를 멍하니 쳐다봤다. 나도 웃어야 할지 울어야 할지 몰라 그 자리에 멈췄다.

"오, 주여." (1편에서 공개한 그 긴 기도문이 전혀 떠오르지 않았다.)

일단 심호흡하고, 복당이에게 대걸레를 가져오라고 시켰다. 복당이는 미안했는지 빠른 걸음으로 대걸레를 가지러 화장실로 향했다. 그사이 나는 아이들과 복당이에 대한 이야기를 나누어보기로 했다.

"애들아, 복당이 머리가 좋긴 좋은데……."

"복당이 머리 안 좋아요. 맨날 선생님한테 혼나요."

"아닌데, 한국말도 잘하는 것 같은데?"

"아니에요. 맨날 다 틀려요."

"아닌데, 청소도 잘할 것 같은데?"

"아니에요. 맨날 자리가 더러워서 혼나요."

복당이는 대걸레를 가지고 돌아와 열심히 바닥을 닦기 시작했다.

"복당아, 이왕 이렇게 된 거 교실 청소 좀 더 해주면 어떨까?"

복당이는 고개를 끄덕이더니, 대걸레로 교실을 구석구석 닦았다. 심지어 친구들 발밑까지도 빡빡 닦아냈다.

"애들아, 이것 봐! 복당이 청소 잘하지?"

"네!"

아이들은 신기하다는 듯 복당이를 쳐다봤다. 복당이는 마치 물 만난 고기처럼 파닥거리며 바닥을 닦았다. 나는 아까 받았던 '쌍엄지척'을 복당이에게 돌려주었다. 복당이는 쑥스러운 듯 고개를 숙였다.

몇 시간 뒤, 파란만장한 임시담임의 임무를 모두 마치고 교실 문을 잠그려는데 뒤에서 누가 등을 톡톡 두드린다.

"선생님, 이거."

복당이가 작은 선물을 내밀었다.

"이게 뭔데?"

"선물."

5·6교시 미술 시간에 뭔가 열심히 만들던 게 바로 나에게 주는 선물이었다. 기특한 마음에 복당이의 머리를 살짝 쓰다듬어 주었다. (쓰다듬고 보니 머리가 좀 떡져 있었다. 아뿔싸!) 허그는 불가능할 것

같아서 고맙다는 인사만 겨우 했다. 연구실 자리로 돌아와서 복당이가 준 선물을 꺼내 보았다. 겉에는 '11월 26일 선생님'이라고 적혀 있었고, 안에는 좀 오래되어 보이는 우즈베키스탄 과자가 들어 있었다. 웃음이 툭 새어 나왔다.

아, 아이들에게 내 이름을 안 알려줬네.

★ 다문화특별학급 운영

모든 다문화학교에 다문화 특별학급이 있는 것은 아닙니다. 다문화 학생의 비율과 예산 등의 문제로 다문화 특별학급이 설치된 곳도 있고, 그렇지 않은 곳도 있습니다. 다문화 특별학급을 담당하는 교사는 다문화 특별학급을 위한 교육과정, 운영위원회, 개별화 교육과정을 운영해야 합니다. 다문화 특별학급 운영위원회를 통해 다문화 특별학급의 인원, 입급심사, 운영 시간표 등을 협의하여 다문화 특별학급 교육과정을 수립합니다. 보통 3월 초에 다문화 특별학급 입급 심사를 합니다. 제가 근무하는 학교는 입급 희망자를 모두 수용할 수 없는 실정입니다. 일정기간 다문화 특별학급의 교육과정을 모두 이수한 학생은 '환급'을 하게 됩니다. 그런데 입급 희망자가 너무 많을 경우 교육과정을 충분히 누리지 못하고 환급되는 경우도 있습니다. 입급된 학생을 충분히 가르칠 것인가, 더 많은 학생들을 가르칠 것인가에 대한 내부 논의는 매년 뜨겁습니다.

6교시를 기다리며

오늘은 2학년 임시담임으로 지명을 받았다. 겨울이라 그런지 아픈 선생님들이 많다 보니 보결도 잦아졌다. 점심 식사 후 양치를 하러 5학년 연구실에 들렀다가, 2학년 임시담임을 맡은 소감을 나누었다.

"글쎄, 통합교과서 이름이 '기억'이라네요. 거기에다가 3학년 교실 둘러보기도 포함되어 있대요."

"맞아요. 조만간 2학년 각 반이 3학년 각 반이랑 짝을 지어서 교실을 둘러볼 예정이에요."

오랜만에 연구실로 놀러 온 3학년 부장님이 깜짝 제안을 했다.

"선생님, 5교시에 아이들하고 저희 반으로 잠깐 오실래요? 3학년 교실 체험, 바로 가능합니다!"

그렇게 2학년 아이들과 3학년 선생님의 급만남이 성사되었다.

"저희 반 아이들은 5교시가 체육 시간이어서 교실에 없을 거니까, 한 20분 정도 남기고 오시면 될 것 같아요."

친절한 3학년 부장님의 말에 갑자기 5교시 수업에 대한 기대감에 의욕이 불끈 솟았다.

"얘들아, 우리 5교시에는 3학년 교실에 갈 거야. 3학년 선배들은 체육 시간이라 없으니까 교실만 보고 오는 거야. 그리고 우리 선배들에게 서프라이즈 선물을 해주자."

"서프라이즈가 뭐예요?"

"아! 깜짝 놀라게 해주는 거야."

"어떻게 깜짝 놀라게 해줘요?"

"응, 예쁜 쪽지를 써서 책상 위에 붙여주고 오는 거지."

아이들은 멋진 4학년이 되라는 내용으로 정성스럽게 쪽지를 작성했다. 아이들은 그 쪽지를 가슴에 품고 살금살금 3학년 교실로 향했다.

"안녕하세요."

3학년 부장님을 본 아이들은 키가 훌쩍 큰 선생님 앞에서 갑자기 공손해졌다.

"그래, 자리에 앉아보렴."

한층 높아진 책상과 의자에 아이들은 다소 긴장한 듯 보였다. 발이 바닥에 닿지 않아 대롱대롱 흔들리는 모습이 참 귀여웠다.

"자, 이건 무슨 책일까?"

"우와! 3학년 책이다!"

아이들은 처음 보는 3학년 교과서를 보고 환호성을 질렀다. 부장님은 갑자기 한 권씩 책을 소개하기 시작하더니, 배우고 싶은 교

예비 3학년을 대상으로 강의해주시는 선생님

과서를 두 권씩 골라보라고 했다.

아이들은 손을 딱 두 번만 들 수 있다는 부장님의 말에 아쉬워하면서도 신중하게 선택에 참여했다. 원래는 교실만 잠깐 둘러보고 갈 생각이었는데 교과서 소개 덕분에 수업 시간이 꽤 길어졌다. 괜히 미안한 마음이 들었다.

"얘들아, 혹시 궁금한 게 있으면 질문해 보렴."

아이들을 데리고 교실로 돌아가려는데 부장님은 우리를 쉽게 놓아주지 않으셨다.

"혹시 3학년이 되면 담임 선생님 말고도 다른 선생님을 만나요?"

"네, 영어나 체육 같은 과목은 다른 선생님이 오셔서 가르쳐주시기도 해요."

"3학년이 되면 러시아어도 배우나요?"

"러시아어를 배우지는 않지만, 러시아 사람들이 사는 모습을 배워요."

아직 영어도 배우지 않은 아이가 러시아어도 배우냐고 물어서 혼자 웃음이 났다. 한편으로는 다중언어학습에 대해 거리낌이 없는 아이들이 신기하기도 했다.

"3학년이 되면 매일 6교시를 하나요?"

"아주 좋은 질문이네."

3학년 부장님의 칭찬에 질문한 학생은 얼굴이 발그레해졌다.

"매주 화요일에는 6교시가 있어. 그런데 중요한 사실이 하나 있어. 6교시는 아무나 할 수 있는 게 아니라 정말 멋진 친구들만 할 수 있는 거야."

"왜요?"

"6교시를 해낼 수 있는 능력이 있는 친구들만 3학년이 되는 거거든. 6교시는 절대 아무나 할 수 있는 게 아니야."

"선생님, 저는 4교시가 좋은데요?"

"4교시도 좋지만 6교시는 훨씬 더 좋아. 선생님은 너희들이 얼른 3학년에 올라와서 6교시가 얼마나 좋은지 꼭 경험해 봤으면 한단다."

어찌나 말씀을 잘하시는지 하마터면 나도 당장 6교시를 너무 하고 싶어질 뻔했다. 웃음이 나면서도 6교시에 대한 두려움 대신 설렘을 심어주고 싶은 부장님의 큰 마음이 느껴졌다. 어느덧 20분이 훌쩍 지났다.

"애들아, 이제 3학년 선배들에게 쓴 쪽지를 책상 위에 놓고 조용히 떠나자."

아이들은 정성껏 준비한 쪽지를 각 책상 위에 올려놓고 교실을 나왔다.

"야, 그런데 6교시가 진짜 좋기는 할까?"

아이들은 교실로 돌아오는 길에 토론을 벌였다.

"야, 아까 선생님이 엄청 좋다고 했잖아."

"그래도 아닐 수도 있잖아. 난 좀 힘들 것 같은데."

"야, 너 힘들면 2학년에 남아."

"그건 싫어."

6교시는 힘들 것 같지만 2학년에 남는 건 더 싫어서 결국 그 학생도 묵묵히 6교시를 받아들이기로 한 것 같았다. 생각보다 알차고 뜻깊은 3학년 교실 방문이어서 내심 뿌듯하고 고마웠다. 아이들을 집에 보내고 정신을 차리고 보니 의도치 않게 5교시 보결 수업을 '하청(?)' 준 셈이 됐다.

6교시는 정말 좋은 것이다. (결국엔 나도 세뇌당함.)

흔들리는 좋은 사람

    6반 담임 선생님은 가수다. 가요제 수상 이력도 있고, 음반도 낸 적이 있다. 지금은 두 아이의 아빠 역할에 더 집중하고 있지만, 한때는 가수의 삶에 모든 것을 걸었던 시절이 있었다. 음악, 술, 사람을 좋아한다는 그는 '진심'이 무엇인지 나에게 가르쳐주었다. 오늘은 그의 삶을 통해 진심학(?) 개론을 풀어보려 한다.

1. 음악에 진심이었을 때

    한때 그는 오직 음악만 바라봤다. 가족들의 만류에도 불구하고 가수의 길을 걸었다. 다른 동기들이 학교에서 기간제 교사로 일할 때 그는 공장에 취직했다. 완전히 이해하기는 어렵지만 음악과 생계 사이에서 고민하던 한 예술가의 모습이 상상된다.

    컨베이어 벨트 앞, 단순노동에 염증을 느낄 즈음이면 꼭 월급날이 돌아왔다. 현금이 가득 든 월급봉투를 속주머니에 넣고 회식 장소로 향하는 길에 자꾸만 가슴팍을 만지게 되더라는 일화는 오직 그만 풀어놓을 수 있는 이야기다. 1980년대에 가족의 생계를 책임

졌던 아버지들의 모습을 80년대생이 풀어놓으니 들으면 들을수록 힙(hip)한 이야기다.

2. 술에 진심일 때 (아니, 진행형)

그는 의외로 시골 입맛을 가졌다. 달콤한 케이크보다 잘게 썬 파프리카 간식에 더 환호한다. 그런데 식사 메뉴를 고를 때는 '시골 입맛'이 날카로운 '술 입맛'으로 바뀐다. 술과 함께하기에 최적화된 메뉴들, 이를테면 제육볶음, 순댓국, 짬뽕 같은 음식을 좋아한다.

한번은 내가 선물한 와인을 주말에 순댓국과 마셨다는 말을 했다. 진정한 고수의 향기가 느껴졌다. 그날 순댓국은 와인의 짝꿍인 '치즈 안주'로 활약한 것일까? 아니면 와인이 순댓국의 짝꿍인 '깍뚜기 국물' 역할이었을까? 알 수 없는 노릇이다.

3. 사람에 진심일 때

그는 사람에게 진심일 때 보송보송한 얼간이가 된다. 드럼 치고 술 좋아하는 그는 평소에는 상남자 같지만 누군가의 마음을 세심하게 챙겨주는 모습에서는 파우더 향을 솔솔 풍긴다. 한 번이라도 인사를 나눈 분의 경조사가 있으면 되도록 참석하려 한다. 학교에서 도움이 필요한 사람들을 열심히 돕는다. 그렇게 누군가를 돕고 나면 입꼬리가 하늘 끝까지 올라가 있다. (설마 집에 가고 싶지 않아서는 아니겠지?)

6반 선생님과 항상 함께하는 기타

 그의 진심은 교실에서도 진하게 퍼져나간다. 특히, 음악에 대한 그의 열정은 교실에서도 고스란히 드러난다. 그의 자리 옆에는 늘 기타와 악보가 놓여 있다. 직접 만든 노래를 아이들과 함께 부르고 가사를 개사해 부르기도 한다.

어느 날 아이들이 이상한 노래를 부르길래 무슨 노래인지 물어보았다. 그런데 아이들이 엄청나게 긴 제목을 말하는 것이 아닌가? 제대로 못 알아듣는 나에게 한 학생이 악보를 건네주었다. 제목은 '흔들리는 좋은 사람들 속에서 슈퍼스타가 느껴진 거야'였다. 그는 무려 세 곡을 한 곡에 섞어 넣은 코드 천재다. 나는 지면을 통해 그의 음악성(?)을 세상에 알리고 싶다. 아래는 그가 잘 버무린 노래 가사 일부다.

괜찮아 잘될 거야
너에겐 눈부신 미래가 있어
괜찮아 잘될 거야
우린 널 믿어 의심치 않아

오늘은 무슨 일인 거니 울었던 얼굴 같은 걸
그가 너의 마음을 아프게 했니?
나에겐 세상 젤 소중한 너인데
자판기 커피를 내밀어 그 속에 감춰온 내 맘을 담아
"고마워, 오빤 너무 좋은 사람이야."
그 한마디에 난 웃을 뿐
혹시 넌 기억하고 있을까
내 친구 학교 앞에 놀러 왔던 날
우리들 연인 같다 장난쳤을 때

넌 웃었고 난 밤 지새웠지

걷다가 보면 항상 이렇게

너를 바라만 보던, 너를 기다린다고 말할까

지금 집 앞에 계속 이렇게

너를 아쉬워하다, 너에게 연락했다고 할까

흔들리는 꽃들 속에서 네 샴푸 향이 느껴진 거야

스쳐 지나는 건가 뒤돌아보지만

그냥 사람들만 보이는 거야

다 와 가는 집 근처에서 괜히 핸드폰만 만지는 거야

한번 연락해 볼까 용기내 보지만

그냥 내 마음만 아쉬운 거야

니가 웃으면 나도 좋아. 넌 장난이라 해도

널 기다렸던 날, 널 보고 싶던 밤

내겐 벅찬 행복 가득한데

나는 혼자여도 괜찮아. 널 볼 수만 있다면

늘 너의 뒤에서 늘 널 바라보는

그게 내가 가진 몫인 것만 같아

괜찮아 잘될 거야

너에게 눈부신 미래가 있어

괜찮아 잘될 거야

우린 널 믿어 의심치 않아

당신은 석수초 슈퍼스타!

마지막 구절에 '석수초 슈퍼스타!'가 등장하자, 의외의 마무리에 웃음이 터졌다. 듣고 보니 미래를 꿈꾸고 연애도 해야 하는 사춘기 아이들의 복잡한 머릿속을 그대로 옮겨 놓은 느낌이 들었다. 또, 그들과 함께 흔들리는 담임 선생님들을 위한 곡 같기도 했다. (최선을 다해 포장 중…….)

어쨌든 그는 '흔들리는 좋은 사람'이다. 음악, 술, 사람, 그 어느 것에도 가볍지 않다. 그의 태도는 나에게 일상을 조금 다른 방식으로 바라볼 수 있는 영감과 에너지를 준다. 학교에 이런 사람들이 더 많아졌으면 좋겠다.

그리고 나는 꾸준히 그들을 삶을 응원하며 기록해 나가고 싶다.
(모두 조심하세요. 제 눈에 띄면 글감이 되어버리니까요.)

첫눈과 연수

"오늘 2시 30분에 세계시민교육 관련 문화연수가 있으니 교직원 여러분은 한 분도 빠짐없이 모두 참석해 주시기 바랍니다."

하루 종일 눈이 펑펑 쏟아지는데 연수가 취소될 기미는커녕 마치 '조퇴금지령'과도 같은 메시지가 왔다. 오늘 연수 프로그램은 '클래식 음악 연주회'이다.

"이런 날씨에 공연팀이 과연 올 수 있을까요?"

"그러니까요. 도로 상황 보니까 2시 30분쯤엔 조퇴해야 할 분위기인데 그때 연수를 시작한다니, 이게 맞나 싶어요."

"줌(ZOOM)은 이럴 때 쓰라고 있는 프로그램 아닌가요?"

운영하는 분이 지혜롭게 대처해 주길 바라고 또 바랐지만 결국 우리의 바람은 이뤄지지 않았다.

1시 30분경, 전교에 방송이 울려 퍼졌다.

"현재 교내 제설 작업이 실시되고 있습니다. 여건이 되시는 분들은 연수 전에 제설 작업에 참여해 주시면 감사하겠습니다."

연수는 취소나 변경의 기미조차 없었다. 엎친 데 덮친 격으로 갑자기 어린이 표창 관련 회의까지 생겨 우리 학년 선생님들은 발목이 잡혔다. 회의를 마치고 뒤늦게 체육관으로 이동하는데 눈을 맞으며 열심히 제설 작업 중이던 선생님들과 마주쳤다. 웃을 수도 울 수도 없어, 미안한 마음에 그냥 고개를 꾸벅 숙이고 시선을 피했다. 체육관 안은 참으로 싸늘했다. 모두 제설 작업에 참여하느라 관객 수가 터무니없이 적었다.

"2시 40분에 연수가 시작됩니다. 교직원 여러분께서는 체육관으로 이동해 주시기 바랍니다."

제설팀이 물에 빠진 생쥐꼴로 하나둘씩 체육관으로 들어왔다. 나는 수분감이라고는 전혀 찾아볼 수 없는 내 모습이 부끄러워서 감히 그들을 쳐다보거나 말을 붙일 수조차 없었다.

"안녕하세요! 저희는 오케스트라 ○○○팀입니다!"

갑자기 나보다 더 보송보송하고 화려하게 차려입은 오케스트라 단원들이 무대에 등장했다. 반짝이는 수트와 드레스 앞에서 힘차게 박수를 쳐야 하는데 '힘'이(아니 정확히는 '흥'이) 나질 않았다.

"저기요, 이건 비밀인데요."

사회자의 속삭임에 관객들이 고개를 들었다.

"저희는 밥을 먹지 않습니다. 물도 마시지 않아요! 왜냐고요? 저희는 오직 관객들의 '박수 소리'만 먹고 살거든요!"

이렇게 세련된 박수 유도는 처음이었다. 무거운 분위기를 살려보려는 사회자의 적극적인 모습에 여기저기서 웃음과 함께 박수가 터

첫 눈 오는 날의 음악 연수

졌다. 연기력이 뛰어난 사회자는 마치 허공에서 박수 소리를 움켜쥐 듯 손짓했다.

"아! 합!"

그는 손에 잡힌 박수 소리를 게걸스럽게 먹는 시늉까지 했다. 한술 더 떠, 움켜쥔 박수 소리를 뒤에 있는 연주자들에게 던졌다. 도도하게 대기 중이던 연주자들은 그걸 받아먹고 꼭꼭 씹어 삼키는 퍼포먼스를 펼쳤다. 꽁꽁 얼어 있던 마음이 조금씩 녹아들었다. 곡이 끝날 때마다 체육관 박수 소리는 점점 커졌고, 우리의 몸과 마음도 조금씩 부드러워졌다.

"지금 들려드릴 노래는 행진곡입니다. 아마 머릿속에 계속 '제설! 제설!' 이러고 계시죠?"

사회자는 삽으로 눈을 치우는 시늉을 하며, "제설!"을 외쳤다. 청중들은 마치 마음을 들킨 듯 깔깔대며 웃었다.

"우리 제설은 한 시간 뒤에나 고민합시다! 제설은 잊으세요! 제에발!"

그는 제설은 잊으라고 하고선 또다시 제설 욕구(?)를 자극하는 동작을 부지런히 보여주었다. 웃기고 울리는 찰리 채플린이 따로 없었다.

내가 사회자라면 "여러분, 저도 얼른 집에 가고 싶어요!"라고 말했을 텐데 그는 끝까지 그런 식의 말을 하지 않았다. 잔망스러운 말투와 몸짓을 한결같이 유지했다. 모두 그의 '일관성'에 매료된 듯, 더 크게 웃고 더 크게 박수를 보냈다. 중간에 나온 테너 성악가와도 케미가 아주 훌륭했다. 성악가가 노래를 뽐내면 사회자는 더 힘차게 지휘를, 사회자가 화려한 몸짓을 하면 성악가가 더 목청을 높이는 식으로 서로서로 돋보이게 했다.

솔직히 말하면 우리는 준비되지 않은 청중이었다. 하지만 그들은 결코 우리를 탓하지 않았다. '제설'이라는 무거운 현실 앞에서 오히려 더 당당하게 악기를 연주하고 노래를 불렀다. 결국, 우리의 시선과 상관없이 스스로 무대를 즐기는 듯했다. 그들의 전문성에 나도 모르게 환호성이 터졌다. 신기하게도 그렇게 환호하는 순간 내 머릿속에 있던 '제설'은 사라졌다. 어떤 이는 자연재해는 어쩔 수 없다고 했지만, 폭설과 싸우면서도 한 치 흔들림 없이 공연을 완수한 그 모습이 참 눈물겹게 멋있었다.

 퇴근길. 펑펑 내리는 눈을 바라보는데, 오늘 내가 목격한 그들의 '무한 긍정, 뜨거운 열정 그리고 책임감'이 떠올랐다.
 '아, 수업도 저렇게 해야 하는구나!'
 나는 앞으로 내 수업의 모토를 '긍정, 열정, 책임감'으로 정했다. 문득 아버지 등산복을 입고 산악회 회장님으로 변신한 개그맨이 떠올랐다. 오늘따라 "열정! 열정! 열정!"을 외치던 그의 구호가 달리 들린다. 나는 그 구호를 이렇게 바꾸려 한다.
 "긍정! 열정! 책임감!" (엄마, 저 등산복 좀 빌려주세요.)

들깨가루가 그린 그림

 택배 알림이 왔다. 친정어머니께서 아는 분을 통해 구한 귀한 들깨가루가 도착했다.
 "진짜 귀한 유기농 들깨야. 매일 꾸준히 먹어봐."
 어머니는 딸의 건강에 도움이 될까 싶어 깊은 산속 마을에서 생산된 들깨가루를 구하셨다.

 퇴근 후 집에 돌아와 택배 상자를 여는 순간 깜짝 놀랐다. 포장이 너무 허술했기 때문이었다. 들깨가루는 약간 낡아 보이는 흰 봉지에 한 번, 검은 봉지에 한 번 포장되어 있었다. 테이프나 지퍼 같은 보호 장치는 전혀 없이 비닐봉지를 그냥 꽉 잡아맨 것이 전부였다. 아이스박스에 담겨 오긴 했지만, 아이스박스 역시 여러 번 사용한 듯한 흔적이 물씬 풍겼다. 세련된 포장이 아니더라도 어느 정도 정돈된 느낌을 기대했는데 예상치 못한 포장 상태가 당황스러웠다.

 '엄마는 도대체…….' 이렇게 엄마를 탓해보려 했지만, 지인 소개로 수소문해 어렵게 주문하셨을 생각이 떠올라 다시 마음을 고쳐먹었다. '이게 바로 유기농의 맛이지.' 수박만 한 검은 비닐봉지 속 들깨는 좀처럼 줄어들지 않았다. 그러다 문득 들깨를 따뜻한 물에 풀어서 마시라던 엄마의 힌트가 기억나 매일 아침 들깨차를 마시기 시작했다. 처음에는 티스푼으로 한 숟가락. 들깨가 물 위에 둥둥 떠다니면서 맛이 밍밍했다. 그다음에는 밥숟가락으로 한 숟가락. 밥숟가락을 컵에 푹 담가 미숫가루 녹이듯 휘휘 저으니 물이 뽀얗게 변했다. 그 뒤에는 티스푼으로 죽염 한 숟가락을 넣었다. 아홉 번 구워낸 소금가루가 들깨에 착 들러붙어 한바탕 춤을 추다가 이내 사라졌다. 짭짤한 맛이 고소함을 한층 살려준다. 물 분자 사이로 깊이 스며든 죽염이 고맙기만 하다.

매일 아침 물 100ml에 밥숟가락으로 들깨 한 번, 티스푼으로 죽염 한 번을 넣어 나만의 들깨차를 완성한다. 출근이 바쁜 날은 후루룩 마시고 조금 여유로운 날에는 밥숟가락으로 떠서 '마시기와 먹기' 그 사이 어딘가의 행동을 한다.

이렇게 들깨차는 나의 일상에 깊이 스며들었다. 문제는 마신 뒤였다. 들깨차를 마시는 순간 들깨는 나의 구강구조를 완전히 장악한다. 만약 들깨가 군인이라면, 내 입 안에서는 전쟁이 벌어지는 셈이다. 그것도 한국전쟁 정도가 아니라 세계대전. 어쩌면 들깨는 핵폭탄일지도 모르겠다. 누군가는 그 정도가 무슨 핵폭탄급이냐고 말할 수도 있겠지만 들깨차를 직접 마셔본 이라면 곧 이어질

내 이야기에도 공감할 것이다.

　들깨는 미세하다. 잇몸 사이사이를 파고들어 앞니, 어금니를 가리지 않고 무차별적으로 낀다.
　들깨는 접착력이 있다. 들깨 자체에 기름기가 있고, 껍질을 살짝 벗겨 표면적이 넓어 어디든 잘 달라붙는다.
　들깨는 자꾸 나온다. 아무리 꼼꼼하게 양치해도 입 안 구석구석 미세하게 파고든 들깨가루가 계속 튀어나온다. 마치 핵무기로 피해자가 끝없이 쏟아져 나오는 상황과 비슷하달까.

　그래도 나는 매일 들깨차를 마신다. 들깨차를 마시고 나면 건강이 회복되는 기분도 들고 그 고소한 맛과 향에 어느새 푹 빠져들게 된다. 매일 마시는 들깨차도 좋지만 사실 나는 여유롭게 즐기는 주말의 들깨차가 더 좋다.
　주말 아침에는 늦잠을 늘어지게 자고 난 뒤 들깨차 한 잔을 준비한다. 모처럼 여유롭게 찻잔 속에 작은 점처럼 둥둥 떠 있는 들깨들을 바라보고 있으면 신기한 경험을 하게 된다. 들깨가루는 지난 일주일 동안 만난 아이들의 얼굴로 변한다.
　나의 삶에 미세하게 침투하는 아이들, 한번 사랑을 주면 부담스러울 정도로 넘치게 사랑을 돌려주는 아이들, 그만 생각하자고 다짐해도 어느새 머릿속을 가득 채우는 아이들……. 미세하게 접착력이 있는 그 아이들은 내 머릿속에서 끊임없이 춤을 춘다.

"여보, 뭐해?"

남편이 부르는 소리를 듣고 정신을 차린다. 이제 찻잔 속 들깨들이 그냥 들깨로 보인다. 나도 모르게 피식 웃음이 새어 나온다.

이런 들깨 같은 것들! (혼자 웃어서 다행이다. 이에 낀 들깨를 들키지 않았으니.)

다문화학교 교무실에서 나는 소리

"엄마! 여기 봐요! 한국말 해요, 못해요?"

만약 내가 '다문화의 소리를 찾아서'의 진행자라면, 가장 먼저 들려주고 싶은 소리다. (지금 〈우리의 소리를 찾아서〉 라디오 프로그램이 떠오르셨다면, 제 또래이십니다! 반갑다, 친구야!)

"이 소리는 우리 학교 교무실에 근무하시는 한 실무사님의 우렁찬 목소리입니다." 이렇게 너스레를 떨며, 실무사님을 소개하고 싶다. 실무사님은 우리 학교에서 5년 넘게 근무해 온 분이다. 센스가 넘치시는 분인데, 우리 학교에 적응하면서 그 센스가 더욱 강력해졌다. 업무 때문에 교무실에 들를 때면 실무사님의 센스에 감탄할 일이 참 많다. 오늘은 그녀의 삶을 훔쳐보기로 했다.

1. 배포가 크다

아무리 덩치 큰 외국인 학부모가 와도 전혀 위축되지 않는다. 큰 목소리로 또박또박, 천천히 한국어로 학교에 대해 설명해 주신다. 당당함이 느껴진다.

2. 판단이 빠르다

설명하면서 외국인 학부모의 상태를 재빨리 파악한다. 통역이 필요한지 아닌지를 금방 알아차리고, 필요할 경우 바로 통역사를 호출해 업무를 뚝딱 해결하신다.

3. 거부할 수 없는 매력

친절하면서도 단호하다. 한국어를 배우려 하지 않는 러시아 학부모님에게는 두 눈을 부릅뜨고, 엄마가 먼저 한국어 배우라고 잔소리를 퍼붓는다. 결국 학부모의 진심 어린 약속을 받아낸다.

4. 할 말은 한다

교무실로 걸려오는 반복적인 문의 전화가 있다. 그럴 땐 번호를 기억해두었다가 안내를 가장한 쓴소리를 한다. 너무나 맞는 말이기 때문에 학부모는 꼼짝을 못한다.

교사 입장에서 교무실 실무사님의 존재는 참으로 든든하고 감사하다. 아이들 지도에 힘을 쏟는 교사들을 위해, 교무실에서 많은 행정적 부분을 척척 해결해 주시기 때문이다. 아무리 봐도 그녀의 말에는 힘이 있다. 그래서 나도 교무실에 갈 때마다, 그녀의 화법을 눈여겨보고 조금이라도 따라 배워보려 노력하게 된다.

"실무사님, 오늘은 무슨 일 없었어요?"

내가 살짝 얼굴을 내밀면서 말을 걸면, 웃으면서 미주알고주알

이야기해 주신다. 오늘도 외국인 학부모님께 단호한 '호랑이'처럼 굴었다며, 깔깔 웃으신다. 그럴 땐 소녀처럼 귀엽기까지 하다.

　나는 교실로 돌아오는 길에, 슬며시 그녀의 화법을 흉내 내본다.
"엄마! 여기 봐요! 한국말 해요, 못해요?"

　어딘가 어설프다. 뭐가 문제일까. 나도 친절하면서도 단호하고 싶은데, 어쩐지 잘 안 된다. 역시 나는 안되는걸까? 몰려오는 좌절감을 막아보려고 믹스커피를 탔다. 종이컵 속에서 돌돌 돌아가는 믹스커피 위로 그녀의 표정이 떠올랐다!
"아, 그 미소!"
　나는 유레카를 외치는 아르키메데스처럼 혼자 외쳤다. 어려운 상황 속에서도 인상을 쓰지 않고 늘 머금고 있는 그 포근한 미소. '호랑이'와 '소녀'를 자유롭게 오가는 그녀의 마음 속에는, 언제나 '기쁨'이 있었다!

　매번 웃으며 기꺼이 일하는 우리 실무사님! 저도 따라 웃을게요. 진심으로 감사합니다. (믹스커피야, 오늘따라 너도 고맙구나.)

그럴 수 있어

"신발을 찾습니다."

교직원 메신저에 사진 한 장과 함께 메시지가 도착했다. 사진 속 신발은 한눈에 보아도 비싸 보이는 하얀 운동화였다. 평범한 실내화였다면 기억하지 못했을 테지만, 나도 신고 싶을 만큼 예쁜 운동화라 눈길이 갔다. 기도하듯 중얼거렸다.

'제발 반대쪽 신발이 꼭 나타나기를…….'

오후에 수업 준비를 마친 후, 기분 전환 겸 운동장 쪽으로 걸었다. 오늘따라 사람이 없는 운동장 한쪽이 이상하게 끌렸다. 그때, 새하얀 운동화 한 짝이 모래사장 위에 놓여 있는 게 눈에 보였.

메신저 속 그 신발이었다. 순간 내 눈을 의심했다. 주위를 둘러봤다. 마치 누군가 일부러 '툭' 하고 내 앞에 던져놓은 듯한 느낌이 들었다. 사람은 없었다.

나는 헛웃음을 지으며 신발을 들고 걸었다. 곧장 그 메시지를 보낸 담임 선생님의 교실로 찾아갔다.

"짜잔!"

"어?!"

선생님의 눈이 동그래졌다.

"어디서 발견하셨어요?"

"운동장 구석 모래 위에 놓여 있었어요. 보자마자 반가워서 바로 들고 왔죠!"

"어떤 녀석일까요?"

"CCTV 보면 바로 나오겠네요."

"내일 아이들과 먼저 이야기 해보고, 필요하면 열람 신청을 하려 해요."

신발 주인은 러시아 여학생, 안나야였다. 담임 선생님은 안나야가 평소에 자기를 괴롭히는 러시아 남학생들이 그랬을 거라고 말하면서 집으로 돌아갔다고 했다. 우리는 러시아 남학생이 범인일 거라는 결론을 내렸다. 어느덧 퇴근 시간이 가까워졌다. 우리는 그렇게 다음 날을 기약하며 헤어졌다.

다음 날, 출근길부터 범인이 너무 궁금했다. 차분하게 오전을 겨우 보내고 오후에 다시 그 교실을 찾았다.

"선생님! 범인 잡았어요? 누구예요?"

선생님은 고개를 떨군 채 대답했다.

"네, 찾았습니다."

힘 빠진 목소리를 듣고 물었다.

"근데 왜 이렇게 기운이 없으세요? 무슨 일 있었어요?"

그는 조용히 털어놓았다. 신발을 잃어버린 안나야의 말을 듣고,

평소 사이가 좋지 않던 러시아 남학생들을 하나씩 불러냈다고 했다.

"솔직히 말하면, 선생님이 용서해 줄게."

회유도 했지만, 아이들은 꿈쩍도 하지 않았다. 그렇게 지쳐갈 무렵, 한 아이가 조심스레 다가왔다. "선생님, 제가 그랬어요."

범인은 바로 안나야의 짝, 지훈이였다. 전날 안나야와 싸운 뒤, 홧김에 신발을 운동장에 버렸다고 했다.

그 순간, 담임선생님은 마음이 무너졌다. 안나야의 말만 듣고, 러시아 아이들만 집중적으로 의심하고 추궁했던 자신이 부끄러웠다고 했다. 자신의 감정 속에 무의식적인 편견이 섞여 있었던 것 같아 죄책감이 들었다고 했다.

"그럴 수 있죠."

나는 조용히 위로했다. 하지만 그는 쉽게 자신을 용서하지 못했다. "제가 러시아 애들을 평소에 살짝 불편하게 느꼈던 것 같아요. 이번 사건에 그 감정이 반영됐던 것 같아서 너무 싫네요. 제가."

"그럴 수 있어어엉."

나는 최선을 다해 그를 위로하고 싶었다. 나도 모르게 콧소리가 나왔다. 그의 자책이 너무 깊어지지 않길 바라는 마음에서였다. 그는 웃으면서 러시아 아이들에게 더 잘해야겠다고 했다.

"선생님, 너무 일부러 애쓰지 말고, 자연스럽게 다시 사랑해주면 될거예요. 지금까지 그래 왔듯이." 나는 이 말을 남기고 교실을 떠났다.

교사는 매일 죄책감을 느낀다. 그리고 또 아이들을 만난다. 시

우연히 발견한 신발 한 짝

간이 흐를수록 교사의 어깨는 무거워진다. 누군가가 죄책감을 주지 않아도, 이미 스스로 어깨에 짊어진 죄책감이 있다. 그런 교사에게 정말 필요한 건 옳고 그름을 판단하는 말이 아니라, 그냥 들어주는 한 사람이다. 어떻게 그렇게 잘 아냐고 한다면 나또한 이런 경험들이 있기 때문이다. 그래서 나는 그저 들어주려 한다. 그리고 조용히 말해준다. "그럴 수 있죠."

또, 실수한 나 자신에게도 되도록 그렇게 말하려 노력한다. 하지만 제일 힘든 건 그다음에 내 안에서 조용히 올라오는 말이다. "그럴 수 없어." 이 말이 속삭이기 시작하면, 그날 밤은 이미 잠을 다 잔거나 마찬가지다. 그래서 나는 오늘도 '그럴 수 있어'라고 속삭이며 얼른 잠들려 애쓴다. '그럴 수 없어'라는 악령(?)이 내 마음을 덮기 전에.

돌아와요, 인천(공)항에

"안내드립니다. 외국인 학생이 일주일 이상 본국으로 여행을 갈 경우, 교무실에서 꼭 서류를 작성하고 떠날 수 있도록 해주시기 바랍니다."

교무실에서 보낸 메시지다. 학생들이 해외여행을 가게 되면, 보통 '학교장 허가 현장체험학습'을 신청해 다녀온다. 담임 교사는 사전 신청서와 사후 보고서만 잘 챙기면 된다.

하지만 외국인 학생이 이 과정을 신청할 경우엔 긴장도가 달라진다. 변수가 많기 때문이다.

1. 돌아온다고 한 날짜에 돌아오지 않는 경우

신청서에 기재된 날짜가 지났는데도 학생이 등교하지 않는 경우가 있다. 그런데 대부분의 학부모가 교사에게 연락을 하지 않는다. 교사가 연락을 해보면, 그 이유는 다양하지만 가장 흔한 건 비행기 표값이다. "그날보다 이틀 뒤가 항공권이 더 싸요."

2. 돌아오지 않고, 연락까지 닿지 않는 경우

1번 상황은 그래도 다행인 편이다. 연락까지 두절되는 경우 담임 교사의 불안은 커진다. 아무리 긍정적으로 생각하려 해도, 최악의 상상까지 하게 된다. 그리고 이건 단순한 걱정으로 끝나지 않는다. 학적 처리에도 문제가 생긴다. 재학 중인 학생이 사흘 이상 무단결석하고, 보호자와 연락이 닿지 않으면 담임교사는 아동보호센터와 함께 가정 방문을 실시해야 한다. 하지만, 해외에 있는 학생은 찾아갈 수가 없다. 그저 답답할 뿐이다.

이러한 이유로 우리 학교에서는 외국인 학생이 일주일 이상 본국에 가게 될 경우, '면제 동의서'까지 미리 받아둔다. 돌아온다고 해놓고 실제로는 돌아오지 않아 서류 처리가 어려운 경우가 종종 있었기 때문이다. 학생을 의심해서가 아니라, 담당자의 입장에서 어쩔 수 없이 마련된 절차라는 점을 학부모들에게 안내하고 서류를 받아놓는다.

어떤 학생은 2학년은 한국에서, 3학년은 러시아에서, 4학년은 다시 한국에서 보냈다. 학생 개인의 사정은 자세히 알 수 없지만, 해당 학생으로 인해 발생하는 행정 처리와 서류가 상당하다.

사실, 외국 학생들의 고국 방문 자체는 절대 나무랄 일이 아니다. 가족을 만나 사랑을 나누고 좋은 기운을 충전하고 돌아오는 길이라면 진심으로 환영할 일이다. 하지만 약속은 꼭 지켜서 다시 돌아와 줬으면 좋겠다. 혹시 사정이 생긴다면 미리 한마디 연락이라도 주면 좋겠다. 늦어도 괜찮으니, 꼭 돌아와줬으면 좋겠다.

'세계가 낳고, 한국이 키운다.'

이것이 다문화학교의 숙명이다. 학생이 본국으로 돌아가는 일은 어쩔 수 없는 일이긴 하지만, 말없이 떠나보내는 담임들의 가슴에는 구멍이 숭숭 뚫린다. 아이러니하게도 그 구멍은 또 다른 다문화 아이들로 정신없이 채워진다. 학생 전출이나 면제도 많지만 전입도 굉장히 많다. 그 와중에 흔들리지 않고 학급을 운영해 나가는 모든 선생님들이 정말 존경스럽다. 우리 학교 선생님들의 가슴을 들추어 보면 한두 개의 구멍은 다들 안고 있을 것이다. 그렇게 선생님들의 가슴에는 아이들이 남긴 흔적들이 남아 있다.

문득 〈돌아와요 부산항에〉라는 노래가 생각났다. 연락도 없이 돌아오지 않는 많은 외국인 학생들에게 이 노래를 바친다.

꽃 피는 학교에 봄이 왔건만
제자 떠난 인천공항엔 갈매기만 슬피 우네
영종도 돌아가는 칼바람마다
목메어 불러봐도 대답 없는 내 제자여
돌아와요, 인천공항에 그리운 내 제자여

"

신호등에 주황 불이 반짝이면 어깨를 움츠리고 좌우를 살피게 됩니다. 나처럼 어깨를 움츠린 친구가 저기 또 있네요. 마치 거울을 본 듯 어깨에 힘을 풀고 미소 짓습니다. 신호등의 주황색 불빛은 주변을 통해 스스로를 돌아보라는 신호 같습니다. 내가 받고 싶은 따뜻한 미소와 배려를 먼저 건네보라고 말해주는 것 같습니다.

"

주황

주변 살피기

소원을 말해봐

"후… 혜정이가 오늘 또 희한한 걸 가져왔네요."

3반 선생님이 껄껄 웃으며 연구실로 들어왔다.

"뭔데요?"

"무슨 책인데, 왜 그런 거 있잖아요. 점 보는 것처럼 쫙 펼치면 '당신의 인생은 어쩌고저쩌고…' 하는 그 책이요."

"아!"

정확한 제목은 모르지만 어떤 느낌의 책인지 바로 알 것 같았다.

"혜정이가 소원을 마음에 품고 책을 펼쳐보라고 하더라고요. 그래서 우리 반 현이가 좀 공부를 했으면 좋겠다는 소원을 품고 책을 펼쳤는데요."

"그랬더니?"

우리는 모두 몸을 앞으로 기울이고, 동그란 눈으로 3반 선생님 입만 쳐다봤다.

"아직은 때가 아니다! 이 말이 나오더라고요. 참나."

"하하하."

우리는 작전회의를 끝낸 야구팀처럼 다시 각자의 의자 등받이에 몸을 기대었다.

혜정이는 친구들의 관심을 즐기는 아이다. 매주 새로운 아이템으로 주변 영혼들을 사로잡는다. 예쁜 물건, 신기한 물건, 맛있는 간식 등이 혜정이 가방에서 나온다. 그럴 때마다 친구들은 몰려들지만, 문제는 그다음이다. 관심이 오래가지 않는다. 그러나 포기를 모르는 혜정이는 다음 날 또다시 새로운 아이템을 꺼내 들고 사람들을 불러 모은다.

"혜정아, 그만. 이제 집어넣어." 건조한 내 한마디에 혜정이는 풀이 죽어 멍한 눈빛이 되곤 한다. 새로운 물건이 함께할 때 혜정이는 가장 빛난다.

3반 교실 수업을 위해 나서면서도, 방금 듣던 혜정이 이야기가 머릿속을 맴돌았다. 교실에 들어서자마자 혜정이 책상 위에 놓여 있는 파란 책이 눈에 들어왔다. 집어넣으라고 해야겠다고 생각하면서도, 어느새 나는 그 책을 만지작거리고 있었다.

"혜정아, 이 책 뭐야?"

"선생님도 한번 해보실래요?"

"이게 뭔데?"

이미 들은 내용이 있었지만 나는 모른 척 시치미를 떼고 과도한 호기심을 내비쳤다. 그리고 최대한 다정한 말투도 장착 완료.

"자, 이제 선생님 소원을 생각하세요."

"응, 생각했어."

"이제 양손을 벌리세요."

혜정이가 간절한 내 양손 위에 파란 책을 올려놓았다.

"수리수리 또리또리… 하나, 둘, 셋, 넷. 이제 책을 펼치세요!"

삐져나오는 웃음을 겨우 구겨넣고 책을 펼쳤다. "모든 것을 다 가질 수 없다."

헉. 이건 또 뭐지? 당황스러웠다. 사실 내 소원은 '부자가 되고 싶다'였기 때문이다. 한껏 부푼 마음이 바닥 쩍 붙은 껌딱지처럼 쪼그라드는 느낌이었다.

"선생님, 근데 소원이 뭐였어요?"

"응?"

3반 선생님과 달리 다소 세속적인(?) 소원이었기에 도저히 말할 수 없었다. 하지만 눈치 빠른 혜정이는 날 보며 말했다. "선생님, 여기 밑에 좀 보세요."

문장 밑에는 작은 아이콘들이 세 줄 있었다. 하트 다섯 개, 별 다섯 개, 동전 다섯 개.

"이게 뭐야?"

"선생님 아이콘 보이죠? 여기 동전 다섯 개가 전부 색칠되어 있으니까 재물 운이 엄청 좋다는 뜻이에요. 하트는 애정운인데요. 아쉽게도 하트는 하나네요."

나는 꽉 찬 다섯 개의 동전을 보고, 씨익 웃었다. 다행히 하트 하나는 큰 의미로 다가오지 않았다. "아, 그런 거구나." 내 표정이 환해지자 혜정이는 나와 눈을 맞추며 손바닥을 내밀었다. "짝!" 과한 에너지로 하이파이브를 하니 손바닥이 따끔거렸다. 불난 손바닥을 엉덩이에 슥 문지르며 인사를 했다.

"혜정아, 고마워."

"선생님, 근데 수업 언제 해요?"

금세 지루해진 다른 아이들의 성화에 정신이 번쩍 들었다. 하이파이브 덕분인지 오늘 3반 수업은 유난히 신나게 진행할 수 있었다. 혜정이는 알아서 파란 책을 가방에 넣었고 한 시간 내내 웃으며 참여했다. 예전엔 눈에 잘 안 들어오던 혜정이가 오늘따라 더욱 열심히 보여서 내 칭찬이 폭풍처럼 쏟아졌다.

연구실로 돌아와 혼자 피식 웃었다. 공짜 타로를 본 기분이었다. '꿈보다 해몽'에 능한 혜정이. 설마 내 소원을 알아챈 걸까? 혹시 타로가 아닌 신점의 영역까지 넘보는, 재능 있는 아이가 아닐까? 고마운 마음에, 괜히 위험한(?) 상상을 해본다.

안동 양반

"집 때문에 고민입니다." 점심시간 직후, 학년 부장님이 앉아 계신 연구실에 들어서며 무심코 뱉은 한마디였다. 그런데 부장님은 이내 눈빛을 반짝였다. "왜요? 무슨 일 있어요?"

조금 민망해하면서도, 나는 솔직하게 속내를 털어놓았다. "저는 서울에 집을 사고 싶어 하고, 남편은 경기도에 집을 사고 싶어 해요. 이건 정답이 딱 없는 문제인데도 의견이 달라서 참 힘들어요."

학년 부장님은 잠시 안경을 만지작거리며 마치 깊은 생각에 잠긴 똘똘이 스머프처럼 입술을 굳게 다물었다. 이윽고 비장한 얼굴로 입을 뗐다. "정답은 없지만, 정답은 있습니다."

내가 영문을 모르겠다는 표정을 짓자, 부장님은 이내 자신만만한 표정이 되어 설명을 시작했다.

"다산 정약용 선생님께서 말씀하시길, 예로부터 사람은 사대문 안에 살아야 한다고 하셨거든요."

"정약용 선생님이요?"

나는 정약용 선생님을 좋아한다. 그래서 그의 책도 자주 뒤적거리며 읽는 편이다. 그런데 '다산 선생님'과 '부동산'의 만남이라니. 생각지도 못한 조합이었다. 부장님은 이미 슬쩍 웃으며 자신의 부동산 철학을 거침없이 풀어놓기 시작했다. 마치 성균관 유생이 되어 '오늘은 부동산에 대하여 논하노라' 하는 느낌이었다.

며칠 뒤 오후의 연구실. 한 선생님이 들어오자마자 뜬금없는 소식을 전했다. "아, ○○ 선생님께서 인대를 다치셨대요."

다들 깜짝 놀랐고, 동시에 걱정하는 기색이 역력했다. 허리나 발목을 다치면 금방 불편해지지만 인대 부상은 회복도 오래 걸리고 고통도 심하기 때문이다. 부장님도 고개를 좌우로 저으며 우려 섞인 표정을 지었다. "인대를 다쳤다면 회복이 쉽지 않을 텐데, 정말 안 됐네요."

어느 선생님이 물었다. "부장님, 어떻게 그렇게 잘 아세요? 인대를 다쳐본 적이 있으세요?"

"아뇨." 부장님의 대답은 여느 때처럼 짧고도 간결했다.

"그럼 어떻게 아시는 거예요?"

사람들은 궁금하다는 듯 고개를 갸웃거렸다. 평소 꼭 필요한 말만 하시는 분이라 그 이유가 궁금했다. 부장님은 잠시 뜸을 들인 뒤, 의미심장한 표정으로 말했다. "제 친구 중에 인대를 다친 사람이 있는데, '인대'라는 기관이 생각보다 만만치 않더라고요. 오죽하면 조선시대 양반들이 노비가 도망가지 못하게 '인대를 끊으라'는 명령까지 했겠어요?"

"노비요?"

갑자기 '노비'가 등장하자 다들 너무 진지하게 듣다가 빵 터졌다.

"부장님, 역사에서 뭘 많이 배우시나 봐요." 어떤 선생님이 날카롭게(?) 요약하며, 모두 웃음 섞인 박수를 쳤다. 부장님은 흐뭇하게 고개를 끄덕였다. 그때 내가 조심스레 말을 꺼냈다. "혹시 부장님, 안동 출신이라 그런 거 아닐까요? 역사나 고전, 유교 관련 지식이 넘치시는 걸 보면."

연구실 안 분위기는 한층 달아올랐고, 곧 누군가 "유교보이!"라며 맞장구쳤다. 또 다른 사람은 "부장님께 갓 하나 사 드리자!"라며 장난스럽게 덧붙였다.

그러자 부장님은 손사래를 치며 약간 '정색' 모드로 들어갔다. "저는 천주교 신자입니다. 그리고 안동이랑은 전혀 상관없어요." 사실 여부는 알 수 없지만 부장님은 단호히 부인했다. 그의 얼굴에서 '정색'의 기미는 사라졌지만 나는 얼른 사과를 해야겠다고 결심했다. "아, 제가 잘못 짐작했네요. 죄송합니다."

부장님은 괜찮다며 내 사과를 받아주셨다. 그의 모습을 보면서 왠지 사과하기 잘했다는 안도감이 들었다. 그런데 이상하다. 자꾸 또 놀리고 싶어진다. 이런 부장님은 처음이다.

나는 앞으로 인생의 고민이 있을 때 우리 부장님께 찾아가야겠다고 결심했다. (상담 답례품은 갓을 준비하리!)

1학년 업고 튀어

1학년 교실에는 점심 급식을 도와주시는 '실버 도우미 할머니'들이 계신다. 이분들은 거의 매일 빠짐없이 출근하시는데 간혹 개인 사정이나 공식 일정으로 공백이 생길 때가 있다. 그럴 땐 전담 교사들이 1학년 교실에 점심 급식 도우미로 파견된다.

한 달 전, 그렇게 1학년 2반에 다녀온 적이 있다. 오랜만에 만나는 1학년들이 귀여워 웃으며 배식해 주었더니 그 뒤로 운동장이나 복도에서 날 알아보고 반갑게 인사하는 아이들이 생겼다. 그들은 멀리서부터 급식 선생님이라고 나를 불렀다. 아니라고 변명할 새도 없이 아이들은 금세 사라졌고 나는 그저 웃었다.

오늘도 할머니들의 빈자리를 메우기 위해 그 교실로 가게 되었다.
"와, 급식 선생님 또 왔다!" 한 번 봤다는 이유로 아이들은 나를 무척 반가워하며 아는 척했다. "선생님, 보고 싶었어요!" 한 학생이 달려들어 안길 기세였다. 나도 안아줘야 하나 고민하며 두 팔을 벌리려는 순간, "그만! 자리로 돌아가!" 하고 담임 선생님이 아이를 제지했다. "보고 싶긴 뭘 보고 싶다고! 선생님. 귀찮게 해서 죄송합니다." 담임 선생님의 말씀에 내 두 손이 다소 민망해졌다. 민망해진 두 손을 사뿐히 급식차로 옮겨 뚜껑을 열고 통을 하나씩 꺼내며 배식 준비를 했다. 손을 씻고 온 다른 아이가 교실 앞으로 나와 내 얼굴을 빤히 쳐다봤다.

"어? 어디서 많이 본 사람인데?"

"야, 급식 선생님이잖아!"

앞서 '1차 제지'를 당한 아이가 의자에 앉아 훈수(?)를 둔다.

"급식 선생님 아닙니다. 얼른 자리에 앉으세요."

담임 선생님은 차가운 말투로 '2차 제지'에 들어갔다.

또 다른 아이가 배식 준비로 분주한 우리 옆으로 슬쩍 다가왔다. "저기요……."

그러자 담임 선생님이 그 아이를 매섭게 노려보며 말씀하셨다. "어른한테 '저기요' 하면 안 됩니다. 어서 들어가 앉으세요." 이렇게 세 번에 걸친 담임 선생님의 제지 활동은 배식 준비와 함께 마무리되었다.

나는 반찬 두 가지와 국을 담당하고 담임 선생님은 밥과 다른 두 가지 반찬을 배식했다. 아이들은 줄 서 있는 내내 계속 고개를 갸웃거리며 나를 쳐다봤다. 아마도 해결하지 못한 문제에 대한 답을 찾고 싶어 하는 것 같았다. (놀라운 과제집착력!)

한 아이가 급식 판을 들고 있다가 나에게 가까워지는 순간 은밀히 물었다. "선생님, 근데 급식 선생님 맞죠?"

내가 대답하려는 찰나, 담임 선생님이 철벽같은 제지를 다시 발동하셨다. "지금 그게 중요한 게 아닙니다. 급식 판 꽉 잡으세요!" 나는 아무 말 없이 고개를 끄덕였다. 밀려드는 아이들과 급식 판 위에서 출렁이는 국물 사이의 사투가 우선이었으니까.

"선생님, 애들이 말이 많아서 죄송해요. 아이들 정신 바짝 차리고 급식 판 꽉 잡게 해주세요."

아이들에게 중요한 건 내 정체였고, 담임 선생님께 제일 중요한 건 급식 판의 안전이었다.

배식이 끝나고 한숨을 돌린 나는 아이들과 이야기를 좀 더 나누고 싶어 틈을 노리고 있었다. 담임 선생님은 서성거리는 내 등을 교실 밖으로 힘차게 밀어냈다. "고생하셨어요. 얼른 가서서 식사하세요. 우리 반 때문에 쉬시지도 못하고 죄송해요. 얼른 가세요. 얼른 가."

선생님은 칼같이 나와 아이들의 접선을 차단했다. 하고 싶은 말은 많았지만 어쩔 수 없이 손을 흔들며 교실에서 빠져나왔다.

혹시 다음에 그 아이들을 만나면 얼른 업어줄 것이다. 담임 선생님 안 계신 곳으로 숨어서 꼭 전해주고 싶은 한마디가 있기 때문이다. "얘들아, 나는 급식 선생님이 아니라 5학년 영어 선생님이야!" (오해 마시길, 담임 선생님은 정말 배려심 많은 분이다.)

리모델링의 기쁨

우리 학교는 교실이 모자란다. 몇 년 전, 인근에 새 아파트가 들어설 때 약간의 증축을 했는데도 여전히 부족하다. 특히, 1학년 입학생 수는 예측 불가능이다. 동사무소에 집계된 인원 외에도 중도 입국한 외국인 학생이 늘 있기 때문이다. 정확한 규모를 추산하기가 어려워서 공식적인 증축도 쉽지 않다.

막상 새 학기가 되면 입학생 규모가 작지 않다. 사오십 명의 '미확인' 입학 학생들이 줄줄이 입학 신청을 하고 학기 중에도 외국인 학생 유입이 꾸준히 이어진다. 이런 이유로 영어 전담인 나는 영어교실을 갖지 못했다. 수업 자료가 든 노란 바구니를 옆구리에 끼고, 매시간 각 교실로 떠돌며 수업한다.

초등 담임 교사들은 대부분 하루 종일 자기 반 교실에 상주하는 특징이 있다. 전담 교사들은 주로 '전담실'이라는 공간에 책상을 모아 두어 중·고등학교 교무실 같은 분위기를 낸다. 하지만 우리 학교에는 전담실도 특별교실도 없다. 공간이 부족하기 때문이다.

내가 배정받은 공간은 열다섯 평 남짓한 연구실 한구석, 고작한 평이다. 파티션 하나를 쳐서 그 안에 앉아 있다. 바로 옆에는 체육 전담 선생님이 한 평 정도를 차지하고 나머지 열세 평은 공용공간이다. 공용공간은 담임 선생님들의 협의와 휴식을 위한 공간이면서 외부 강사님들도 머무르는 곳이다. 연구실 공간을 이렇게까지 알차게 쓰는 학교가 또 있을까 싶을 정도로 최고 밀도를 자랑한다. 나는 얼리어답터까지는 아니어도 트렌드에 관심이 많은데, 학교 공간 디자인이 획기적으로 바뀌는 때에 우리 학교가 흐름에 역행하니 서글플 따름이다. 그래도 '학교 상황에 빨리 적응하는 자가 결국 이기는 자'이기에 나는 좀 다르게 생각하기로 했다. 나에게 주어진 공간은 비록 한 평이지만, 이 열다섯 평 전체가 내 공간이라는 주인의식을 갖기로 했다. 여기서 더 많은 대화와 의미가 피어났으면 하는 바람이다. 다행스럽게도 동료 선생님들이 정말 협조적이다. 시답지 않은 내 유머에도 웃어주고, '건강식'이라는 포장으로 제공하는 밍밍한 음식을 묵묵히 먹는다. 전담 교사 주제(?)를 파악하지 못하고 마구 던지는 나의 의견에 귀 기울이고, 늘 연구실이 깨끗하도록 주기적으로 청소까지 해준다.

관리자들도 연구실 공간이 비좁다는 걸 알고 계셨는지, 예산을 확보해 연구실 리모델링을 선포했다. 먼저 1, 2학년 연구실부터 정비가 시작됐는데 스타일과 높이, 색깔이 들쭉날쭉했던 수납장들이 모두 반출되었다. 그 자리에 새 수납장이 일관된 스타일로 배치됐다. 우윳빛 색의 수납장 덕에 어두웠던 공간이 한층 산뜻해졌다. 이 소식을 듣고 다른 학년 선생님들이 저학년 연구실로 달려갔다.

마치 모델하우스를 구경하는 듯 했다. 나는 신축 아파트에 살아본 적이 없다. 그래서 그런지 실제로 신축 아파트에 입주한 듯한 감동이 몰려왔다.

"와! 푸르지오, 자이 부럽지 않네요."

"선생님, 그건 좀 과장이신데요?"

'너무 오버'라는 동료 선생님의 한마디에 순간 머쓱했지만 진심이었다.

그렇게 모델하우스(?)를 보고 온 우리 학년 선생님들은 조만간 우리 연구실 차례가 오기를 손꼽아 기다렸다. 기존 짐을 전부 밖으로 빼서 새로 정리하는 번거로움이 있긴 했지만 아무도 불만을 표하지 않았다. '기공식을 준비하는 경건한 의식'처럼 생각했으니까. (물론 내 생각이지만.)

다음날부터 선생님들은 낡은 수납장을 여닫으며 버릴 물건과 남길 물건을 고민했다.

"이건 안 쓰는 거 맞죠?"

"네, 이번 기회에 정리합시다."

구석에서 오래된 물감이나 풀 같은 물품들을 '발굴'하기 시작했다. 그렇게 조금씩 밖으로 내놓고 정리하다 보니 어느새 리모델링 당일이 왔다. 맞춤형 가구를 가져와 조립하는 식이라, 반나절 만에 신속히 끝났다.

"따라라라라······." 우리는 〈러브하우스〉 배경음악을 불러가며 새 연구실에 입주했다. 면적의 변화는 없었지만, 다른 장소에 온

듯 기분이 좋아졌다. 이 공간에서 더 좋은 아이디어가 솟아오르고 더 멋진 창조적 협력이 일어날 것 같은 예감이 들었다.

역시 리모델링이 좋다. 새 거 만세!

숨은 작가 찾기

"야, 선생님 작가야!"

어느 순간부터 아이들이 내가 작가라는 사실을 알아버렸다. 몇 년 전 4학년이었던 제자들이 지금 6학년이 되었고 그 아이들이 지금 5학년 동생들에게 이야기를 전해준 모양이다.

"선생님, 진짜 작가예요?"

이렇게 물어오면, 나는 "응, 맞아."라고 대답하고 얼른 대화를 마무리 지었다.

"선생님 책 제목 뭐예요?"

더 집요한 학생이 나오면, "선생님들이 보는 책이라, 너희들이 보기엔 맞지 않아."라며 얼버무렸다. 그러던 어느 날, 내 책을 학교 도서관에서 찾아낸 학생이 책을 흔들어 보이며 자랑했다.

"야, 선생님 책 도서관에 있어!"

내가 부끄러워하자, 아이들은 더욱 신이 나서 인터넷에서 내 흔적을 찾기 시작했다.

"야, 인터넷에 '유영미' 쳐봐. 진짜 선생님 나온다!"

크롬북을 활용한 수업 시간에 조금의 자유 시간을 줬더니, 아이들이 내 이름을 검색하며 놀고 있다.

"안 나오는데?"

안 나올 리가 없는데, 나서야 하나 말아야 하나 고민하던 나는 목덜미를 긁었다.

"야, 여기 밑에 있잖아!" 성질 급하고 오지랖 넓은 한 학생이 나서서 다른 아이들에게 검색 요령을 알려준다. 후훗, 나서지 않길 잘했다.

"야, 진짜다! 있다, 있어!"

"선생님, 그런데 머리가 왜 이렇게 짧아졌어요?"

인터넷에 등록된 내 사진을 확인한 한 학생이 물었다.

"응, 선생님은 소아암 아이들 가발 만드는 곳에 기부하느라고 이렇게 짧아졌어. 예전에는 염색하거나 파마한 머리는 안 받아줬는데 요즘엔 받아주더라고."

"우와! 역시 작가님이셔!"

흥분한 아이들을 보며 나는 미소를 지었지만 단호하게 말했다.

"선생님 아직 유명한 작가는 아니야. 나중에 너희도 볼 수 있는 책을 쓸 테니까 조금만 기다려줘. 그리고 오늘 이 얘기는 절대 어디 가서 말하지 마!"

"네!"

개구쟁이 청개구리들은 '개굴개굴' 대신 "네"라는 인간의 언어를 외쳤다.

사실 난 이미 다 계산해 둔 셈이었다. 청개구리들은 '절대 말하지 말라'고 하면 반드시 말할 것이라는 속셈이었다. '다음 수업에 들어가면 또 난리겠지?' 하고 혼자 행복한 상상을 했다.

드디어, 다음 수업 시간.
"오늘 크롬북 활용할 거예요."
"와!"
크롬북으로 자신들의 결과물을 만들어내는 걸 좋아하는 아이들은 이 수업을 무척 즐긴다. 미리 끝낸 사람에게 주어지는 약간의 자유 시간도 인기 만점이다.
"선생님, 파일 제출 끝냈어요. 이제 뭐 해요?"
"자유 시간!"
"와!"
아이들 눈이 반짝인다. 얼른 작업을 끝내고 자유 시간을 만끽하겠다는 야망이 엿보인다. 그렇게, 아이들이 자유 시간을 즐기는 순간이 찾아왔다. 기다렸던 신호가 올 때가 됐는데, '야, 선생님 작가!' 같은 얘기가 전혀 들리지 않는다. 단 한마디 말도 없이 아이들은 크롬북 세계에 푹 빠져 있다. 앞 시간에 '절대 말하지 말라'고 했더니, 이번엔 진짜 너무 잘 지키나 보다.

요 녀석들! 하라는 건 안 하더니, 하지 말라는 건 또 기가 막히게 안 한다. 다음 시간에는 차라리 소문 내달라고 부탁해 봐야 할까 고민이다. 정말 알 수 없는 청개구리들이다.

어딘가에

올해는 러시아 출신 강사님들을 채용하고 그분들의 수업과 통번역 활동을 지원하는 업무를 맡게 되었다. 덕분에 그들과 조금 더 가까이 지낼 수 있게 되었다. 치료를 마치고 복직했을 때 한 러시아 강사님께서 내게 한국어로 말을 걸어왔다. "선생님, 건강은 괜찮으세요?"

전임 선생님께서 내 민감(?)정보를 인수인계했나 보다. 처음 본 외국인에게 건강 인사를 받으니 기분이 묘했다. 당황과 감사 그 사이의 감정이었다. 그래도 그 인사 덕분에 선생님들과 자연스럽게 일상 이야기를 나눌 수 있었다.

우리 학교에는 러시아어 강사님이 여섯 분 있다. 나는 그중 김안젤리카 선생님, 김사랑 선생님과 특히 친해졌다. 두 분 모두 한국 남성과 결혼하여 한국에 정착한 지 오래다.

김안젤리카 선생님은 우즈베키스탄에서 약대를 졸업했다. 친구들과 여행 삼아 한국에 왔는데 한국이 너무 좋아 자리를 잡게 되었고 그러다 남편을 만나 결혼하게 되었다고 한다.

"선생님, 약대라니 엄청난데요?"

"네, 우즈베키스탄에서도 공부 잘해야 약대 갈 수 있어요."

우즈베키스탄의 엘리트였던 그녀는 한국에서 약사가 되려면 다시 처음부터 대학교에 다녀야 해서 포기했다. 최근엔 러시아-우크라이나 전쟁 위험으로 친정 언니가 가족들과 한국에 왔는데 그 언니는 우즈베키스탄에서 의사로 활동했다고 했다.

"언니가 의사라고요?"

"네, 우리 부모님도 의사셨고요."

나는 '초엘리트 집안'이라는 말이 절로 떠올라 입이 떡 벌어졌다. 마침 연구실로 들어온 김사랑 선생님에게 알려줬더니 그녀도 대수롭지 않다는 듯 대답했다.

"저도 약대에 갈 뻔했어요."

"갈 뻔?"

"우리 부모님이 의사셨는데 자꾸 약대 가라고 하셔서요."

나는 눈을 크게 뜨고 연신 '와우'를 외쳤다. 아니, 여기 또 다른 초엘리트 가족이 있었다! 혼자 박수치며 감탄하니 김사랑 선생님이 이어 말했다.

"전 사회학을 전공했어요. 학술 문화 교류 프로그램으로 한국에 왔다가 남편을 만나 결혼해 버렸어요."

"결혼해 버렸다고요?"

"네, 한국에서 결혼해 놓고 러시아에 돌아가서는 부모님께 통보했죠."

"부모님 반응이 어땠어요?"

"맞았어요. 엄청 많이."

드라마에서나 본 듯한 이야기가 내 앞에 앉아 있는 사람들의 실제 인생이라니 놀라웠다.

"두 분 정말 대단해요. 이렇게나 엘리트이신데 어쩜 이렇게 겸손하신지요."

"선생님이 더 대단하시죠."

"에이, 아니에요."

그렇게 서로를 추켜세우며 웃던 우리는 급격히 친해졌다. 점점 아이들 키우는 이야기도 하고 드디어 남편 흉까지 보는 사이가 되었다.

"우리 남편은 너무 짠돌이예요."

"우리 남편은 모든 것에 관심이 없어요."

나도 질 수 없었다. "우리 남편은 잔소리가 많아요." 내가 거들자 김사랑 선생님이 심각하게 물었다. "음. 한국 남자들은 전부 별로인 걸까요?"

김안젤리카 선생님이 마저 얘기했다. "제 친구들이 그러는데 한국 남자하고 같이 살기 힘들대요."

나도 한국 남자를 그렇게 좋아하는 편은 아니지만 뭔가 좋은 말을 해줘야 할 것 같은 사명감이 들었다. (이것도 애국심인가?) "음, 한국 남자들도 괜찮은 분들이 있긴 있어요."

두 분은 크고 동그란 눈을 더 크게 뜨며 나를 바라봤다.

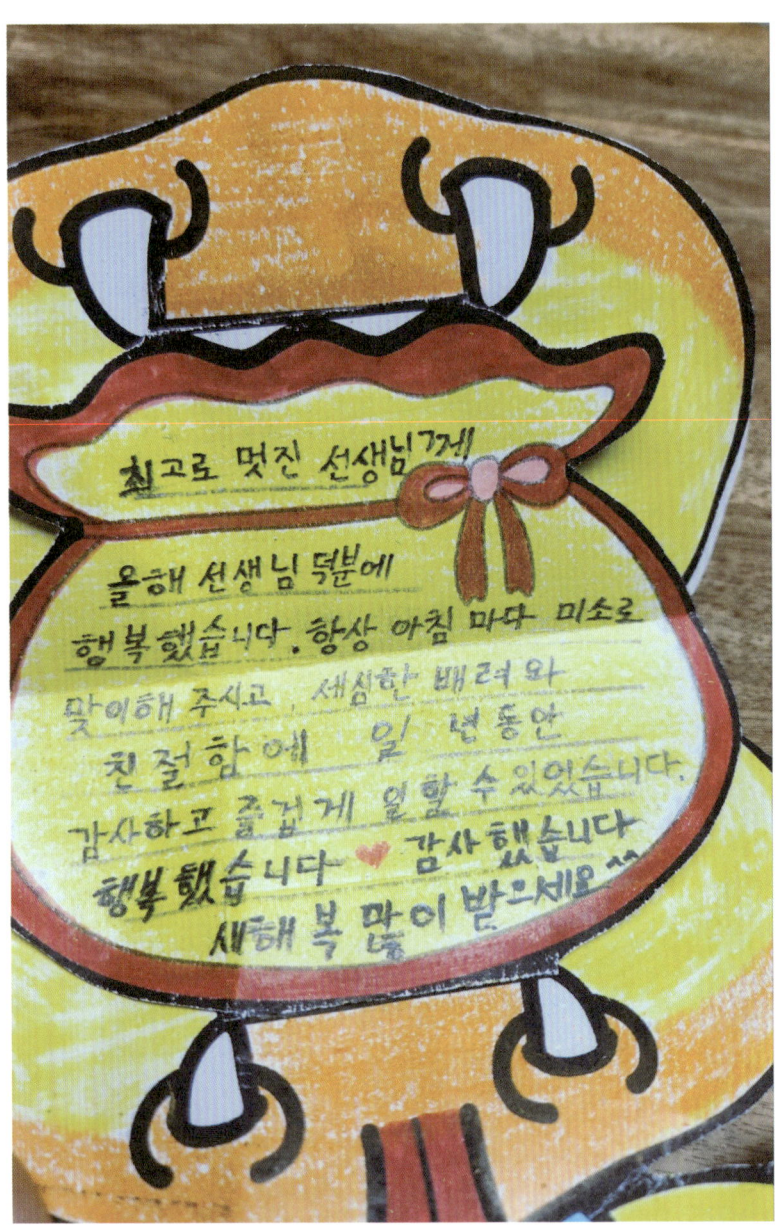

김사랑 선생님의 연하장

"정확하진 않지만 어딘가에 있대요. 어딘가에." 어색하게 덧붙이는 내 모습에 두 분은 깔깔대며 웃었다.

"맞아요. 어딘가에 있을 거예요."

"어딘가에. 어딘가에."

그 뒤로 '어딘가에'는 우리의 유행어가 되었다. 수다 떠는 마지막엔 늘 '어딘가에' 하고 씁쓸하게 마무리한다. 보석처럼 반짝이는 남편과 준수한 아이들을 만나지 못한 회한 같은 게 살짝 묻어나기도 하지만, 어둡지만은 않다.

"괜찮은 남자 못 찾았으면 좀 어떤가? 내가 즐거우면 됐지!" 이젠 남편이나 육아 얘기로 속상함이 생겨도 우리는 서로 웃으며 털어낸다. 나는 오늘도 글로벌 유부녀 클럽, '어딘가에' 삼총사로 활동 중이다.

사춘기가 꽃피는 교실

"얘들아, 선생님 오늘 아들 때문에 화났어."

아이들이 제일 좋아하는 말이다. 내가 아들 때문에 속상한 이야기를 하면 교실 속 아이들의 눈이 유난히 반짝인다.

"선생님, 오늘은 무슨 일로 화나셨어요?"

아이들은 마치 다정한 상담가처럼 내게 질문을 던져준다. 나는 기다렸다는 듯이 아들 욕을 풀어놓는다.

"아니, 방이 너무 더러워서 치우라고 했더니!"

"청소 안 하고 버텼죠?"

아이들은 쉽게 예상되는 일이라는 듯 곧바로 내 말을 받아친다.

"음… 버틴 건 아니고 너무 대충대충 하더라고."

"선생님, 그래도 시늉하는 것만 해도 착한 거예요."

"아, 그래? 그런 거야?"

"그럼요. 그럴 땐 자세히 보지 말고 그냥 빨리 방문 닫으세요."

"아, 그렇구나. 근데 너희는 어떻게 그렇게 잘 알아?"

"저희가 다 겪어봐서 알아요. 그게 끝이에요?"

"아니, 이게 다 치운 거냐고 물었더니 얄밉게 자기는 이게 다 치운 거라고 그러는 거야. 열이 확 올라왔지. 너희 같으면 화나겠니, 안 나겠니?"

"아, 화날 만하긴 한데요. 굳이 화내실 필요는 없어요. 사춘기는 원래 그런 거예요."

"나도 알긴 알지. 그래도 화가 나는 걸 어쩌겠니."

"그래서 화내셨어요?"

"응. '군대 가서 선임한테 그렇게 대답하고, 아르바이트하는 곳 사장님한테 그렇게 말하면 어떻게 될 것 같냐고 생각해 봐라'라고 했지."

"아, 선생님. 너무 좋은 접근이셨어요!"

"그래? 괜찮았어?"

"그럼요. 그러면 생각이라는 걸 해볼 것 같아요. 아드님 반응은 어땠는데요?"

"조금 더 치우더니 자더라?"

"끝이에요?"

"아니, 낮잠 좀 자더니 저녁 먹을 때 사과하더라고. 자기가 좀 버릇없게 굴어서 미안했다고."

"브라보! 선생님, 아드님 진짜 착한 것 같은데요?"

"우리 아들이?"

"네! 완전 착하거나, 아니면 아직 진짜 사춘기가 안 온 걸 수도 있어요!"

'아직 진짜 사춘기가 오지 않았다……?'

으악, 이 말보다 끔찍한 표현이 또 있을까! 그의 얼굴엔 이미 화농성 여드름 꽃이 피었고, 겨드랑이에 검은 새싹이 솟아났다. 다정한 말투를 들어본 지도 오래됐다. 그런데도 아직 사춘기가 아니라니! 이게 사춘기가 아니면 도대체 뭐란 말인가! 나는 사춘기의 절정에 있다고 믿으면서 '이 또한 지나가리라'를 매일 읊조리는 하루하루를 보내고 있는데, 아이들 말이 너무 야속하다.

"야, 그 말은 취소해. 선생님 힘들어하시잖아." 내가 머리를 쥐어뜯는 걸 본, 눈치 빠른 여학생이 나섰다.

"선생님 아드님, 정말 착한 것 같아요. 지금 사춘기인데도 그렇게 사과하는 걸 보니 정말 좋은 분이시네요."

"좋은 분이라니 무슨 좋은 분이야. '좋은 새끼'면 몰라도."

"선생님, '새끼'요?"

"내 자식이라는 뜻이야! 절대 욕 아니라고!"

"아, 그건 인정합니다."

"고맙다, 사랑하는 제자들아. 너희 덕분에 선생님이 마음의 안정을 찾은 것 같다. 오늘 집에 가서 사춘기 잘 견뎌줘서 고맙다고 한마디 해야겠어. 다 너희들 덕분이야. 너희 덕에 우리 집에 평화가 찾아오네."

이렇게 아이들과 이야기를 나누고 나면 집에 가서 아들만 봐도 웃음이 난다. 아들은 영문도 모른 채 힐끗 나를 보고 지나치지만, 나는 혼자 싱글벙글한다. 학교에서 아들에 대한 '미움'을 다 털고 돌아오기 때문이다.

"그런데, 저는 선생님이 우리 엄마였으면 좋겠어요." 갑자기 한 학생이 손을 들고 말했다. 사춘기 자녀가 한 명 추가된다는 옵션은 생각만 해도 끔찍하다. 저 아이는 왜 날 엄마로 삼고 싶어 할까. 모른척하고 싶지만, 그래도 이유는 궁금했다.

"왜?"

"선생님은 우리가 이렇게 얘기하면, 일단 들잖아요. 투덜거리면서도 웃어주고 우리가 시키는 대로 아들한테 진짜 해보기도 하시고요."

"음, 다 너희들 덕분이지. 근데?"

"그런데 우리 엄마는 아무리 이런 얘길 해도 제가 무슨 마음인지 말해도 절대로, 절대로, 절대로 안 통해요. 그래서 너무너무 답답해요." 지아는 가슴을 치며 말했다.

"아, 그랬구나. 힘들었겠다. 답답하고. 근데 선생님도 늘 좋은 엄마는 아니야. 우리 아들 만나 보면 바로 알걸? 나도 어쩌면 네 엄마처럼 꽉 막힌 엄마가 될 수 있었는데 다 너희 덕분이지. 그리고 엄마도 너무 바쁘고 힘드실 수 있으니까, 네가 먼저 손 내밀어 보는 건 어때?"

나는 부모로 산다는 것이 얼마나 어려운 일인지 아이들에게 말해주었다. 그리고 부모님 마음속에도 '인정과 사랑을 받고 싶어 하는 내면 아이'가 존재한다는 걸 설명해 주었다. 부모님의 내면 아이를 잘 보듬어주는 아이들이 되길 제안했다. 그런 내 말을 듣고 있던 지아가, 한참 생각하더니 다시 입을 열었다.

"선생님, 맞는 것 같아요. 우리 엄마 마음속에 어린애가 사는 것 같아요. 진짜 자기밖에 모르는 것 같고 맨날 짜증만 내요. 사실 전 엄마가 밉고 싫었어요. 이제는 그 내면 아이를 좀 달래줘야겠다고 생각했어요."

"지아야, 고마워."

지아 얘기를 듣는데 순간적으로 울컥했다. 내 얘길 잘 들어준 것도 고맙고, 엄마의 '내면 아이'를 발견해 준 것도 고마웠다. 내면 아이를 달래주겠다고 먼저 용기 내준 게 기특했다.

"지아야, 선생님이 보기엔 네가 '밝은 눈'을 가진 사람인 것 같아. 사람들 마음속 내면 아이를 발견하고, 그 아이를 잘 달래줄 수 있는 재능이 있단다."

지아는 고개를 끄덕였다. 장난꾸러기 아이들은 '우리 속의 내면 아이도 찾아달라'며 당장 타로 카드를 가져와 점을 봐달라고 제안했다.

"야! 지아의 '밝은 눈'은 그런 데 쓰라고 있는 게 아니라고!"

오늘 수업이 영어 시간이었는지, 상담 시간이었는지, 진로 시간이었는지 도통 모르겠다. (지아야, 타로점은 선생님도 사실 좀 관심 있단다.)

미생미사

4반 부장님은 올해 득남했다. 예쁜 아기의 이름은 준우. 아빠를 닮아 똘망똘망한 준우가 자라는 모습은 우리 학년의 큰 기쁨이다. 덕분에 준우 아빠는 요즘 육아와 리빙 분야에 푹 빠져 지낸다. 직거래 사이트나 공동구매 사이트를 부지런히 오가며 육아와 살림 용품 그리고 다양한 식재료들을 열심히 구매한다.

"선생님, 칼 살균기 써보셨어요?"

"아, 아니요."

"선생님, 무쇠 냄비 써보셨어요?"

"예전에 몇 번 쓰다가 너무 무거워서 처분했어요."

그는 언제나 열정적으로 나에게 이것저것 묻지만 애석하게도 나는 시원스러운 답을 해주지 못하는 형편이다. 결혼 15년 차에 사춘기 아들을 키우고 있긴 하지만 사실 나는 살림 실력이 부족하다. 그의 질문 앞에서 나의 살림 허세는 여지없이 들통난다. 특히 그는 제철 식재료에 관심이 많다. 산지 직송으로 육회나 횟감을 공수해 야무지게 식탁에 올린다.

"드디어 이번 주에 방어회가 옵니다." 마치 크리스마스 선물을 기다리는 어린아이처럼 들뜬 표정으로 방어회를 기다린다. "어제 아웃렛에 갔는데, 옷은 안 사고 와인 세 병만 사 왔네요." 아웃렛에 가서도 옷보다는 와인을 구경하는 그는 맛집 정보 부자다. "냉면을 옛날 스타일로 드시려면 ○○에 가시고요, 깔끔하게 드시려면 △△으로 가시면 됩니다." 하며 같은 음식도 원하는 스타일에 따라 식당을 소개해준다. 디테일에 강한 섬세한 기질에 좋아하는 음식 분야가 합쳐지니 웬만한 푸드 칼럼니스트 부럽지 않다. 그러고 보니 그는 준우가 태어나기 전부터 이 분야에 진심이었던 것 같다.

마침 〈흑백요리사〉가 뜨겁게 화제가 되던 때였다.

"에드워드 리 말투 진짜 웃기지 않아요? 저는 그분 한국어 말투 듣는 재미로 봐요." 한 선생님이 에드워드 리의 말투를 흉내 내며 이야기하자, 4반 부장님의 표정이 어두워졌다. "슬프게도 저는 그 목소릴 들을 수 없어요."

모두 의아하다는 듯이 그를 쳐다봤다.

"아기 때문에 자막으로만 보거든요."

먹는 것에 진심인 그가 소리 없이 〈흑백요리사〉를 본다니, 세상에 이토록 슬픈 일이 있을 수 있을까?

"소리 없이 보는 〈흑백요리사〉는 초고추장 없는 회, 참기름 없는 육회라고요." 누군가의 찰진 비유에 그는 더욱 괴로워했다. 일명 '미각 고문'인 셈이다.

업무로 지친 그에게 한 줄기 희망은 식단표다. 4교시가 가까워지면 누군가가 급식메뉴를 시조처럼 읊는다. "부장님, 오늘 점심 메뉴 갈비탕이래요. 힘내세요."

맞춤형 응원에 그의 표정이 금세 밝아진다. "당면의 익힘 정도가 이븐(even)해야 할 텐데……. 그게 걱정입니다." 그의 걱정에 우리는 자연스레 당면의 익힘 정도에 초집중하며 갈비탕을 음미한다. 매일 급식메뉴 속에 숨어 있는 '킥'을 찾기 위해 우리는 그가 짚어주는 포인트에 집중한다. 식사 후 우리는 연구실에 모여 이를 닦으며 각자 찾은 '킥'을 나눈다. 놀랍게도 우리가 찾은 '킥'은 점점 비슷해졌다. 왜냐하면 그의 급식 큐레이션이 있었기 때문이다. 그 덕분에 우리의 급식 생활은 나날이 풍성해지고 있다. 점심 식사를 아이들과 함께해야 하는 교사들은 늘 허겁지겁 음식을 욱여넣는다. 급식 속에서 감각을 느끼려고 하는 것은 욕심이자 사치라고 생각했다. 그러나 그가 있어 모두가 미식 감각을 찾아가는 연습을 할 수 있게 되었다.

미생미사(味生味死). 미각에 살고 미각에 죽는 사람. 그 덕분에 우리는 어려운 여건 속에서도 매일 음미하는 법을 배우고 있다.

어쩌면 그의 주니어 준우는 훗날 세계적인 셰프가 될지도 모르겠다. 더 나아가 준우가 흑백요리사에 나온다면(과한 상상력 죄송합니다만) 그때 우리는 소리를 제일 크게 올려놓고 와인을 함께 마시며 그를 응원할 것이다. 그 음미의 시간이 기다려진다.

영미복음

"얘들아, 오늘 무슨 날인지 아는 사람?"

"……."

"진짜 몰라?"

"오늘 목요일이잖아요."

"아니, 그거 말고."

"수능?"

"맞아!"

호기심으로 반짝이던 학생들의 눈빛이 '수능'이란 말에 급격히 가라앉았다. 흥미가 뚝 떨어진 모양이다.

"선생님, 수능은 고등학생들 이야기 아닌가요?"

"아니야, 너희도 7년 뒤에는 수능을 보게 될걸."

"으악!"

아이들이 꽤 충격을 받은 듯했다. 나는 짓궂은 표정으로 계속 말을 이었다.

"야, 너희는 수능도 안 치고 군대도 안 갈 것 같지? 선생님 제자들도 다 그랬어. 그날 꼭 온다."

"아, 선생님 그만! 제발 그만!"

"아니, 놀리려는 게 아니고."

"선생님, 수능 봤다고 우리 약 올리는 거잖아요. 지금."

아니라고 부인했지만, 이미 속마음을 들켜버린 뒤였다.

"근데 선생님이 꼭 해주고 싶은 이야기가 있어."

"뭔데요?"

다시 아이들의 눈에 기대감이 번쩍였다. 공부를 잠시나마 안 해도 되는 절호의 타이밍을 놓칠 애들이 아니다. "선생님이 한 3분 정도 얘기해도 될까?" 양손 검지로 탁자를 '톡톡' 두드리며 분위기를 잡아본다.

"물론이죠!"

"근데 호연이가 싫어할 것 같아서 선생님이 조심스럽다." 집중하지 않는 학생의 이름을 슬쩍 끌어들여 뜸을 더 들여본다.

"야! 김호연. 너 괜찮지?" 스물세 명의 눈빛이 호연이를 향한다. 즉, 마흔여섯 개의 눈알(?)이 그에게 집중된다. "아, 응응. 네네." 아니라고 했다가는 큰일 날 분위기. 세상에서 제일 고마운 '비자발적 YES'다.

"오케이! YES! 선생님, 빨리요!"

"빨리요!"

호연이의 YES 사인에 아이들은 일제히 'YES!'를 외친다. 웃긴다. 평소 안 쓰던 영어를 쓴다.

나는 가수 박진영 씨가 수능 끝난 고3들에게 쓴 편지를 아이들에게 읽어주었다. 스무 살의 수능이 중요한 갈림길일 수 있지만 동시에 별거 아닐 수도 있다는, 현실적인 위로를 담은 글이었다. 수능 본 지 20년이 넘은 내 마음이 울릴 정도로 따뜻했다.

1. 스무 살에 경험하는 합격/불합격이 인생의 전부가 아니라는 것
2. 7~8년 뒤 그 모든 것이 뒤바뀔 수도 있다는 것
3. 두 가지 세계(합격/불합격) 모두에 굴하지 않고, 소신과 꿈을 지키며 노력한 사람은 그 경계선을 훌쩍 뛰어넘을 수 있다는 것

읽어주면서 나 자신도 고개를 끄덕였다.
"애들아, 어때?"
"뭐가요?"
"글이!"
"목사님 같아요."
갑자기 목사님이라니. 나는 글의 출처를 다시 강조했다.
"아니, 이건 목사님 글이 아니고 JYP! 알지? 제왑피?"
"아니, 선생님이 설교하시는 목사님 같다고요."
지루하다는 뜻인가 싶어 미안해졌다.
"미안, 선생님이 너무 어려운 말 썼나?"
"아니요, 좋았다는 뜻이에요."

"아, 다행이다. 좋게 들어줘서 고마워."

교과서를 펴고 수업을 시작하려는 그때, 교실 맨 뒤에 앉은 인호가 다급하게 외쳤다.

"영미볶음!"

"영미볶음? 인호야 그게 갑자기 뭐야?"

"아, 그거 있잖아요. 마태복음 같은 거……."

그 순간 나에게는 마태복음이고 뭐고 그건 중요하지 않았다. 갑자기 떠오른 제육볶음을 상상하며 군침을 흘리고 있었으니까.

"선생님, 영미볶음이 아니라 영미복음이요. 영-미-복-음! 선생님의 좋은 말씀!"

나는 순간 선생님을 볶아 먹겠다는 거냐고 물어볼 뻔했다. (아직도 제육볶음에서 빠져나오지 못함.)

"야, 선생님은 마태복음이 아니라 예수님이시지!"

앗! 이건 또 무슨 상황인가! 3분만 이야기하기로 했는데 벌써 10분은 훌쩍 지났다. 이럴 땐 정신을 바짝 차려야 한다. 나는 갑자기 영어 수업을 잘하는 예수님이 되기로 결심했다.

"예수님 가라사대. 교과서를 펴시오."

"아, 선생님! 오늘 그냥 공부 안 하면 안 돼요?"

"안 되느니라."

"예수님이 믿음, 소망, 사랑 중 제일은 사랑이래요!"

"사랑하는 자들이여, 책을 펴시오."

나는 눈을 감았다. 아이들은 할 수 없이 교과서를 폈다. 카리스마 넘치는 태도로 30분 동안 열정적으로 수업했다.

　까딱하면 아이들이 만든 분위기에 진짜 볶아질 뻔했다. 고로, 영미볶음은 없다.

보조 셰프

"자, 드세요."

나는 학년 연구실에서 활동하는 친절하지 않은 셰프다. 완성에만 의미를 두고 먹는 사람에 대한 배려는 서툴다. 노포 음식점 할머니처럼 탁자 위에 먹거리를 탁! 하고 올려놓으면 3반 선생님이나 5반 선생님이 그걸 먹기 좋게 손질해 준다. 이 두 분 덕분에 나는 언제나 음식을 대충 만들어도 큰 어려움이 없다. 두 명의 보조가 있기 때문이다. 나는 그들을 각각 보조 셰프1과 보조 셰프2라고 부른다. (정작 본인들은 모름.)

오늘은 그 두 남자의 활약을 소개한다.

1. 롤케익

교직 생활을 하면서 가장 자주 먹은 간식이 바로 롤케이크가 아닐까 싶다. 감사의 마음 또는 미안함을 전할 때, 연구실 단위로 간식을 제공하기에는 롤케이크만 한 게 없다. 롤케이크가 등장하면 보조 셰프1이 일정한 간격(대략 1.5~2cm)으로 자른다. 마치 커터로 자른 단정한 달걀처럼 정갈한 롤케이크 조각들이 줄지어 탄생한다.

2. 찐빵

우리 연구실에는 미니 찜기가 있다. 원래는 달걀을 쪄 먹는 용도로 구입했는데 쓰다 보니 고구마, 감자, 찐빵, 만두, 떡까지 다양하게 쪄 먹고 있다. 내가 찜기 받침대를 접시에 얹어 테이블에 탁 놓으면 보조 셰프1과 2가 가위나 집게, 칼 등을 꺼내서 한 입 크기로 잘라 준다. 매일 이렇게 음식을 '조사'(?) 주시는 두 분께 감사할 따름이다. (사투리 주의.)

3. 과일

될 수 있으면 제철 과일을 준비한다. 제철 과일이 가장 신선하고 저렴하기 때문이다. 올여름에는 샤인머스켓의 가격이 내린 덕분에 우리는 그 맛을 자주 즐길 수 있었다. 평소에는 사과, 감, 배 같은 과일을 낸다. 나는 껍질만 대충 벗겨둔다. 한입 크기로 손질하는 건 전적으로 보조 셰프들의 몫이다.

어느 날 보조 셰프 중 한 분이 귤을 까며 퀴즈를 냈다. "얘 이름 뭔지 아세요?" '얘'는 귤의 과육과 껍질 사이에 하얗게 실처럼 붙어 있는 바로 그것이었다.

"귤피?"

"귤실?"

다들 진지하게(?) 오답을 던졌다. 정답은 없었다.

선생님들과 연구실에서 나누어 먹는 간식

"정답은 귤락입니다."

처음 듣는 단어였다. 그는 〈그거 아세요〉라는 노래에서 알게 됐다며 아침부터 그 음악을 우리에게 틀어주었다. (참고로 중독성 강한 노래임.)

4. 견과류

견과류는 씹는 맛을 더해준다. 뭔가 오물오물 씹고 싶을 때 그 욕구를 충족시켜 주고, 차와 함께 먹으면 고소함이 배가된다. 가끔 여러 견과류가 섞인 '믹스넛'을 내놓지만 주로 아몬드 원물을 제공하는 편이다.

어느 날, 아는 분이 나에게 마카다미아를 '강매'했다. 직원 고향이 베트남인데 그 집안이 견과류 수출 사업을 하다 이번 물난리로 재고 처리에 어려움을 겪는다고 했다. 인터넷보다 싼 가격이기도 했고 모르는 분이지만 돕고 싶어 흔쾌히 샀다. 마카다미아는 단단한 껍질에 길쭉한 홈이 나 있어서 전용 커터로 깔 수 있었다. 나는 딱딱한 껍질로 둘러싸인 마카다미아를 탁자 위에 올려놓고 말했다.

"선생님, 이거 까먹기 좀 어렵더라고요."

"그럼, 제가 한번 도전하겠습니다."

보조 셰프1이 커터를 집어 들었다. 나는 속으로 '나이스!'를 외쳤다. 그가 연습 삼아 몇 알을 까보더니 말했다. "이건 힘점을 찾아야 합니다."

'힘점'이라는 단어에 모두 그를 쳐다봤다. 참으로 지적인 청년의 모습이었다. 도전정신이 강한 교사 몇 명은 실제로 그 힘점을 찾아보려 했다. 그러나 생각보다 쉽지 않았다. 힘점뿐 아니라 어느 정도 악력도 필요했다. 결국 보조 쉐프1은 우리에게 보드라운 마카다미아를 선사했다.

보조 셰프1은 지(知)·덕(德)·체(體)를 두루 갖추었다. 힘점을 찾는 지성, 많은 사람에게 마카다미아를 나눠 주고자 하는 덕성, 그리고 적절한 때에 적절한 근력을 발휘할 수 있는 체력까지 말이다. 그렇다고 보조 쉐프2가 일을 안 한다는 것은 아니다. 그 또한 지, 덕, 체를 모두 갖춘 인재다. 그는 보조 쉐프1이 자신의 역량을 충분히 발휘할 수 있도록 늘 곁에서 지켜본다. 그리고 본인의 도움이 필요한 순간에 보조 쉐프1을 힘껏 돕는다. 그는 지, 덕, 체에 노련미까지 갖춘 것이다.

  나는 지덕체를 겸비한 두 보조 셰프 덕분에 오늘도 요리를 대충 한다. (사실은 거의 안 하는 수준.)

오늘도 고구마

"선생님, ○○이는 원래 발표를 안 하나요?"

"네, 그런 편이죠. 전담 시간에 무슨 일 있었어요?"

"아주 간단한 발표였는데도 그냥 버티고 입을 꾹 다물더라고요."

"에고, 또 그랬구나. 고생 많으셨어요."

"진짜 고구마 백 개 먹은 기분이었어요."

필기 수행평가 때문에 교실 수업을 마치고 돌아온 체육 선생님의 하소연이었다.

공교롭게도, 그녀는 고구마를 먹으며 이 이야기를 하고 있었다.

"선생님, 수업 중에 고구마 백 개 드시고 지금 또 드시네요."

"앗, 그러네요. 아주 그냥 고구마 풍년입니다."

"근데 ○○이 성이 '마' 아니에요?"

"소름! 앞으로 ○○이를 (고구)마○○이라 불러야겠네요."

"그러다 정서적 학대라고 잡혀가요. 우리끼리만 '고구마'로 부르죠."

"그러게요. 잡혀갈 순 없으니까요."

마침 그 고구마는 밤고구마였다. 퍽퍽한 현실이 우리 입과 마음을 가득 메웠다.

입을 열지 않는 학생, 꿈쩍도 안 하는 학생들이 점점 많아진다. 백번 양보해 평소 수업에서는 그럭저럭 넘어간다고 치자. 반드시 발표나 평가가 필요한 상황이 오면 교사는 고민하게 된다.

"토론 참여 태도를 평가해야 하는데, 입도 안 떼는 애를 어떻게 점수 매겨야 할지 고민이에요. 친구 의견에 동의, 반대하는지만 말해 달라고 통 사정을 했어요. 그런데 이런 평가가 과연 의미가 있을까 싶어요."

한 교사의 이야기에 모두 고개를 끄덕였다. 누군가는 수업의 꽃이 평가라고 말하지만 이런 고구마 같은 학생들로 가득한 교실에서는 평가가 모두에게 고역이 된다. 고통스러운 평가 상황 앞에서 교사는 갈등한다. 어떻게든 입을 열게 할까, 아니면 포기해야 하는 걸까?

평가 기준은 이미 한참 낮춘 지 오래다. '평가 형식까지 부숴야 하나?'라는 생각이 들기도 한다. 한 아이도 포기하지 않는 게 교육이지만 그 한 아이를 위해 평가 방식을 전부 바꿔야 하는 상황에 교사들은 흔들린다.

냉정하게 보면 삶은 한 아이에게 모든 걸 맞춰주지 않는다. 한 아이가 세상과 온전히 소통하고, 세상의 기준에 귀를 기울일 때 삶은 그제야 무심하게 선물을 툭 건네곤 한다. '삶'이라는 매커니즘을 가르치는 것이 교육이라면 평가 기준은 어느 정도 유지되어야 한다. 그러나 세상과 소통할 작은 힘조차 없는 아이라면, 그 힘부터 길러주는 것이 우선이다. 그럴 땐 삶(교사)이 학생에게 먼저 손을 내밀어야 한다. 이런 다양한 생각들이 교사들을 마음을 매일 흔들어댄다. 이 말도 맞는 것 같고, 저 말도 맞는 것 같다.

다문화학교에 근무하면서 평가에 대한 고민이 깊어졌다. 몇 년간의 고민 끝에 내가 내린 결론은 평가는 아이가 삶을 조금 더 진지하게 마주하는 순간이 되어야 한다는 점이다. 실제로 많은 아이들이 평가 앞에 당당히 설 수 있는 용기조차 준비되어 있지 않았다. 나는 그 '용기'라는 것을 작고 가벼운 평가 경험을 통해 주고 싶었다. 그래서 더 가볍게 자주 평가를 계획했다. 아이들이 평가라고 인식하지 못할 정도의 평가를 준비했고, 그 속에서 아이들이 용기를 낼 수 있었으면 좋겠다고 생각했다.

그 평가도 소화해 내지 못하는 아이들도 있지만 나는 여전히 작은 평가를 지향한다. 때로는 우리 앞에 쌓인 고구마 백 개가 버겁지만, '못할 것도 없지'라는 생각을 가지고 고구마채를 써는 마음으로 평가를 자르고 또 잘라본다.

매일 수많은 고구마가 내 앞에 던져진다. 어느 날은 답답한 학생이, 또 어느 날은 답답한 수업과 평가가 고구마같이 느껴진다. 매일 고구마 풍년이다. 그러나 나는 이제 더 이상 고구마밭에서 도망치지 않는다. 고구마 요리하는 손맛을 느꼈기 때문이다.

　오늘은 어떤 고구마 요리를 해볼까 하며 고구마를 만지작거린다.

(오늘은 맛탕이다!)

선생님들과 나누어 먹기 위해 주기적으로 구입하는 고구마

압도적 1등

"선생님, 뭐 하세요?"

"일람표 뽑습니다."

"벌써요?"

무엇이든 빠른 5반 선생님. 2학기 성적처리를 생각보다 더 빨리 진행하고 있다.

"아, 아직 체육교과 평가 결과가 입력 안 되었네." 프린터에서 뽑아 든 일람표를 살펴보던 그가 작은 소리로 혼자 말했다. 그 소리를 들은 체육 전담 선생님이 바로 반응했다.

"앗, 죄송합니다."

"앗, 그런 의도는 아니었는데."

그의 말에 아직 성적처리를 시작도 못 한 담임들이 우르르 달려든다.

"뭐가 아니에요. 체육 선생님을 채근하려는 느낌이 아주 강하게 드는데요."

"아, 정말 아니라고요."

5반 선생님은 웃으며 손사래를 쳤다.

"아, 맞다. 5반 선생님은 지구를 사랑하셔서 이면지를 아끼시는데, 체육 선생님 때문에 쓸데없는 종이가 생겨버렸네. 어쩌면 좋아."

"체육 선생님이 잘못했네!"

한두 명씩 5반 선생님을 몰아가자 체육 전담 선생님까지 가세한다. "아이고 제가 큰 잘못을 했습니다. 일람표는 이면지 활용도 안 되잖아요. 제가 죄인이에요."

모두가 한마디씩 거들어 5반 선생님을 놀리자, 그의 얼굴은 점점 붉어졌다. "아니, 그게 아니라……."

어느새 울 것만 같은 표정에, 귀까지 빨개진 그의 모습이 애처롭다. 그러나 선생님들은 먹잇감을 찾는 하이에나처럼 멈출 기미가 보이지 않는다.

"5반 선생님은 참 세련된 분이신 것 같아요."

"제가요?"

"이런 게 바로 '세련된 압박'이죠."

"아, 저는 진.짜.로. 그런 의도가 없었다니까요."

"하하하."

큰 웃음으로 한바탕 놀림 릴레이가 마무리되었다.

"근데, 내년에 다들 몇 학년 쓰실 건가요?" 불쑥 3반 선생님이 적막을 깼다.

"그러게요." 조금 전까지 웃음소리로 가득했던 연구실에 정적이 찾아왔다.

"그건 성적 끝내고 고민해도 되지 않을까요?" 조용히 소신 발언을 던진 5반 선생님을 향해 우리는 다시 눈길을 보냈다. 순간, 텔레파시가 통했나 보다. 모두 다시 그에게 달려들었다.

"아, 5반 선생님! 지금 성적처리 끝냈다고 자랑하는 건가요?"

"아, 또 그런 식으로 되나요?"

다시 시작된 놀림에 5반 선생님의 얼굴은 어느새 '반반 치킨'이 되어 반은 빨갛고 반은 하얗게 변했다. 식은 줄 알았던 열기가 다시 오르자 미묘한 그라데이션이 그의 뺨에 드리워졌다.

"선생님, 제가 잘못했네요. 성적처리를 다 마치신 분께 내년 거취를 물어보다니."

"네, 맞습니다. 저희가 죄인이죠."

갑자기 석고대죄하는 대역죄인들처럼 우르르 5반 선생님께 고개를 숙였다. 그 모습을 보며 5반 선생님의 머릿속에는 이런 다섯 글자가 스쳐갔으리라. (요즘 아이들이 많이 쓰는 표현.)

'집. 가. 고. 싶. 다……'

"사실은요, 제가 요즘 괜히 생각이 많아져서 성적처리를 미리 해버렸어요. 그래야 시간이 잘 가거든요."

5반 선생님의 솔직한 말에 우리 입가에서 춤추던 웃음이 잠시 멈췄다. 분위기가 살짝 가라앉자 그가 다시 미소 지으며 입을 열었다.

"그래도 이 정도로 빨리 끝낸 건 처음이에요. 완전 압도적 1위죠? 하하."

'압도적'이라는 단어에 다시 자극받은 우리는 또다시 5반 선생님에게 몰려들었다.

"아무래도 처음이 아닌 것 같은데?"

"태어나서 1등을 한 번도 놓친 적이 없는 것 같은데?"

5반 선생님은 손을 내저으며 거듭 부인했다. 어쩐지 처음 상황으로 돌아간 느낌이다. 이 놀림 도돌이표는 내일도 계속 반복될 것 같다. (매일 반복해도 재미있을 것 같은 이 느낌!)

★ 다문화 특별학급 학생의 성적처리

다문화 특별학급 학생들은 하루 1~2시간 다문화 특별학급에서 따로 공부합니다. 특수학급에 개별화교육과정이 있는 것처럼 다문화 특별학급에도 개별화교육과정이 있습니다. 다문화 특별학급 담당교사는 교육과정을 수립하고 운영합니다. 물론 그 안에는 평가계획도 포함됩니다. 학기말이 되면 담당교사가 원적학급 담임교사에게 평가 결과를 전달합니다. 담임교사는 이를 나이스시스템 속 '임의입력'이라는 항목에 입력할 수 있습니다.

```
2000학년도 다문화특별학급(한국어학급)
         개 별 화 교 육 과 정

  [학교명]        [학년반]        [이름]

1. 학생 인적 사항
   - 다문화 학생 관리 카드 양식
   - 학생 기본 정보 / 학생 실태 / 학생 진로 관련 분석
2. 교육활동 계획
   - 2000학년도 교육 목표 / 개인별 수업 시간표
   - 한국어 지도 계획(초등학생을 위한 표준 한국어 1,2권, KSL 교육과정 학습 어휘 발췌)
   - 창의적 체험활동 지도 계획
   - 주요 교과 주제별 학습 어휘 지도
3. 학생 성장 중심형 평가 계획
[부록] 개별 아동 한글 평가표


     위 학생의 2000학년도 개별화 교육과정을
            다음과 같이 승인합니다.
```

학기	원적학급 담임	특별학급 (한국어학급) 담임	다문화예술부장	교감	교장
1학기					
2학기					

○○초등학교

아빠 힘내세요

오늘은 신입생 예비소집일이다. 우리 학교는 두 곳에서 예비 소집 절차가 이루어진다. 한 곳은 일반학생과 다문화 학생들을 위한 공간이고 다른 한 곳은 외국인 학생을 위한 공간이다.

첫 번째 공간은 취학통지서를 받은 경우이고, 두 번째 공간은 취학통지서가 없거나 언어가 전혀 통하지 않는 경우이다.

첫 번째 공간에서는 1학년 담임 교사와 전담 교사들이 약 2시간 동안 접수를 받는다. 두 번째 공간에서는 행정실무사와 통역 전담 교사가 접수를 진행한다.

첫 번째 공간은 다시 주소지 기준으로 4개 구역으로 나누고, 구역마다 2명의 교사를 배치했다. 나는 그중 2구역을 맡았다.

배치된 한 명은 학생 이름과 연락처를 확인하고 대표, 보조 전화번호를 기록한다. 다른 한 명은 학생을 확인하면서 선물을 전달하고, 돌봄교실 신청 서류에 대해 안내한다.

처음 30~40분 동안은 어마어마한 인파가 몰려 정신이 없었다.

그런데 어느새 한가해졌다. 다른 구역을 보니 여전히 바쁜데 우리 구역은 조용한 편이었다.

"왜 우리 구역만 이렇게 한산하죠?" 뾰족한 이유가 없는 줄 알면서도 괜히 짝꿍 선생님께 말을 걸었다.

"글쎄요. 이거 불안한데요. 우리 이러다 야근하게 되는 거 아니에요?" 웃으며 말했지만, 그의 눈엔 약간의 두려움이 서려 있었다.

"설마요."

그때 마침, 한 부부와 아이가 들어왔다. 접수 절차대로 안내하던 중 아버지로 보이는 분이 입을 열었다.

"선생님, 지금 그게 문제가 아니에요." 조용한 공간에 그의 목소리가 쩌렁쩌렁 울렸다. 모두 눈을 동그랗게 뜨고 그를 바라봤다.

"네? 무슨 문제 있으세요?"

"저희 아이가 자폐가 있는데, 어느 반을 다녀야 하는지가 문제란 말입니다." 중국 쪽 억양이 섞인 말투와 삭발한 헤어 스타일을 하신 아버님은 목소리를 높였고, 순간 우리 모두는 긴장감으로 숨을 쉬기조차 어려운 지경이 되었다. 나는 서둘러 1학년 부장님을 모셔왔다. 부장님은 아버님에게 다가가 이렇게 말씀하셨다. "아버님, 고민이 참 많으시죠?"

부장님은 '무슨 일이세요?'가 아니라 공감의 한마디를 먼저 건네며 다가간 것이다. 그러자 아버님은 목소리를 낮추고 부장님의 설명에 귀를 기울였다. 부장님은 그 가족을 특수학급으로 안내하고 충분한 상담을 받을 수 있도록 도와드렸다.

처음에는 조금 당황했지만 그래도 참 멋진 아빠라고 생각했다. 다문화학교에서는 말이 안 통하는 외국인 어머님보다 꿈쩍도 안 하는 한국인 아버지가 더 힘들게 하는 경우가 있다. 외국인 어머니는 뭐든지 지원받고 싶어 하고 배우려는 태도가 있는 반면에, 한국인 아버지가 무조건 '싫다, 안 한다'는 식으로 반응하는 경우를 여러 번 경험했다. 그런데 오늘 오신 아빠는 비록 목소리가 조금 크긴 해도 적극적인 태도여서 참 보기 좋았다.

처음에는 아버지들과 소통하는 것이 불편하고 부담스러웠다. 그러나 이제는 적극적인 아버지들이 오히려 고맙게 느껴진다. 부장님 설명에 집중하며 특수반으로 이동하는 그의 뒷모습을 보면서 왠지 큰 소리로 응원해 주고 싶었다.

"아빠, 힘내세요!" (참고로 우리 2구역은 제일 먼저 접수 마감을 했다. 모두 다 와서가 아니라 연락이 되지 않는 사람이 너무 많은 것이 그 비결이었다는 것은 안 비밀.)

★ 외국인학생 입학원서

외국인학생의 입학원서에는 외국인등록번호 입력란이 있습니다. 외국인등록번호를 증명할 사본도 필요합니다. 초등학교 1학년 담임의 경우, 학생 입학 전에 관련 서류를 행정실이나 교무실을 통해 받게 됩니다. 학교에서는 이 서류를 기반으로 교내 외국인 관리 시트를 입력합니다.(다문화학교별 양식은 상이) 관리 시트나 나이스에 초기 입력이 중요하므로 1학년 선생님들께서는 평소보다 조금 높은 집중력을 발휘하여 입력해 주시기를 부탁드립니다.

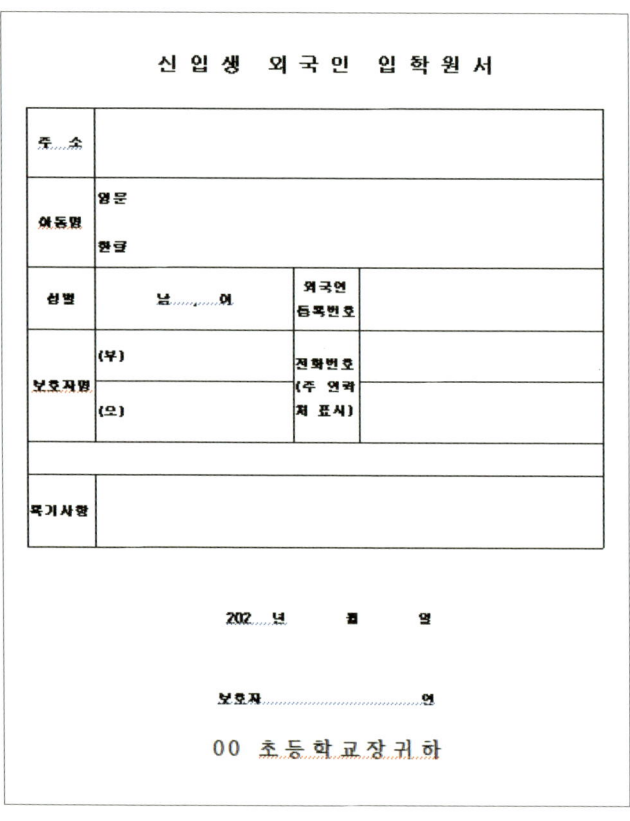

카페인의 시간

"만약 당신에게 일 년에 딱 한 잔의 커피만 허용된다면, 그 커피를 언제 마시겠습니까?"

이런 질문을 할 사람은 없겠지만 만약 이런 선택의 기회가 주어진다면 나는 반 배치의 날에 쓰고 싶다. 그리고 여기, 바로 그 반 배치의 날에 있었던 어느 연구실 이야기를 소개하고자 한다.

드디어, 반 배치의 수요일.

반 배치 작업은 주로 수요일 오후에 진행된다. 4교시나 5교시가 끝난 뒤, 오후 시간을 넉넉히 활용하기 위해서다. 그날도 12시쯤, 학년 단체 카톡방에 알림이 떴다. "다들 커피 주문하시죠. 제가 지난번에 2차를 못 샀으니 아쉬움을 대신하렵니다."

딱 오늘이 카페인이 절실한 타이밍임을 간파한 6반 선생님이 선수를 친 거다.

"아, 커피 대신 술 얻어먹고 싶었는데. 아쉽네요." 7반 선생님이 그렇게 답장을 남겼다.

"2차는 조만간 또 마련해 볼게요. 유효하답니다."

둘 사이에 오가는 밀담(?)을 보니 살짝 미소가 지어졌다.

"아, 제가 올리려 했는데 늦었네요."

"부장님, 조심하세요. 6반 선생님이 부장 자리 노리는 듯해요.

갑작스레 커피를 쏜 6반 선생님이 야망남으로 탈바꿈하는 순간이었다.

"지난번에도 쐈는데 계속 이러시면 어떡해요."

다른 선생님들도 고마움과 미안함을 함께 전했다.

학생들이 모두 떠난 고요한 학교. 커피가 듬뿍 실린 오토바이가 도착했고 연구실엔 여섯 남자와 세 여자가 모였다. 한 남자는 커다란 전지를 꺼내어 펼친다. 끝이 말리는 게 마음에 안 드는지 반대 방향으로 계속 말아낸다. 충분히 평평해졌다 싶었는지 이제는 1m 자를 꺼내어 줄을 긋기 시작한다.

"가, 나, 다, 라, 마, 바, 사." 일곱 칸으로 구획된 전지 위에서, 그는 휘두르는 검처럼 두꺼운 네임펜을 자유자재로 움직인다. 횟감을 앞에 두고 칼을 가는 초밥 장인 같은 진지함이 느껴진다.

다른 한 남자는 색색의 라벨용 포스트잇을 꺼낸다. 이미 수합, 분석해 놓은 학생들의 레벨을 토대로 이름을 적어 붙일 예정이다. 옆에 있던 사람들도 뒤이어 포스트잇을 꺼내 들었다.

"일단, 언어소통이 전혀 안 되거나 통역이 필요한 학생들은 빨간색에 적으세요. 일상생활 가능하거나 통역자 역할을 해줄 수 있는 친구들은 아니에요. 지금, 그들은 잠시 한국인으로 분류됩니다."

부장 교사는 장군, 담임 교사들은 그를 보좌하는 병사 같다. 장군은 명확한 지시를 내리기 위해 단어 선택에 신중하다. 빨간 포스트잇에 적힌 이름들은 골고루 가, 나, 다, 라, 마, 바, 사 각 칸에 분산 배치된다.

"각 반의 '금쪽이'들 한두 명씩, 주황 포스트잇에 적어주세요."

병사들은 마음속에 떠오르는 학생들의 이름을 조용히 쓰고, 주황 포스트잇도 각 칸에 적절히 붙인다.

"나머지 기준 점수대로 노랑, 초록, 파랑 포스트잇 순서로 붙이세요."

노랑, 초록, 파랑의 무지개 포스트잇이 전지 위에 차례대로 자리 잡는다. 아이들을 구분해 줄 세운다는 게 잔인할 수도 있지만 균형 배치라는 최우선 목적 때문에, 병사들은 최대한 감정을 배제한다. 장군(부장 교사)은 각 반의 동명이인 및 쌍둥이 유무, 남녀 비율 등을 꼼꼼히 점검한다.

"더 조율할 것이 있나요?"

"저기요."

한 병사가 살짝 손을 든다. 예민해 있는 장군이 그를 쳐다본다.

"혹시, '연애'는 고려사항이 될 수 없을까요?"

"죄송하지만 그 부분까지는 고려할 수 없습니다. 그들의 사랑까지 신경 쓰기엔 우리 할 일이 많아요. 나중에 여유 있으면 고려하시죠."

장군이 내린 국방색 결론에 핑크빛 의견은 관철에 실패했다.

"전담 선생님들 이리 오세요."

전담 병사(?)들도 전지 앞으로 부름받는다.

"○○이랑 △△이는 같은 반 안 됩니다."

"이 반은 리더 기질 가진 애들이 너무 많아요."

뛰어난 학생이나 도움 필요한 학생이 한 반에 몰리는 걸 피하려고, 계속해서 미세 조정이 일어난다.

"저 같으면 '가'반 담임이 하고 싶네요." 누군가 이렇게 말하자, 장군이 단호히 명령한다. "그럼 '가'반을 부숴야 합니다."

곧 '가'반을 매력적으로 만들었던 학생들이 다른 반으로 유배를 떠났다. 반대 방향으로 대체 인력이 들어온다.

"결국 중요한 건 첫째도 밸런스, 둘째도 밸런스예요. 전담 선생님들, 눈을 크게 뜨고 마무리 해주세요."

두 전담 교사는 카페인 덕분에 눈이 반짝인다. 머릿속에 아이들 얼굴을 그리며 조합을 상상한다. 의견을 제시하면 담임 교사들이 수용 여부를 결정하고, 그에 따라 학생들이 여기저기 체스 말처럼 이동한다. 어느새 날이 어둑해졌다.

"이제 최상의 밸런스가 나온 것 같아요. 고생했습니다. 퇴근하시죠." 장군은 만족스러운 듯 고개를 끄덕이고, 병사들은 식은 커피를 마지막 한 모금 마시며 교실로 돌아간다.

나는 안다. 밸런스 비밀은 '최상의 반'이 없다는 것임을. 모든 반이 비슷한 수준과 구성을 지니도록, 균형을 맞추는 게 바로 이

6반 선생님이 쏜 커피

작업의 골자니까. 카페인은 반 배치 작업에 큰 도움이 된다. 머리는 맑아지고, 아이들의 얼굴 하나하나가 선명하게 떠오르니까.

우리에게 '최상의 반'은 없어도, 최상의 협력과 최대한의 노력은 존재한다. 그것이 바로, 진한 카페인이 우리에게 주는 시간이다.

크리스마스 선물

"12시 50분에 연구실로 모이세요." 메신저로 소집 명령을 내렸다. 그런데 12시 40분부터 한두 분씩 들어오더니, 12시 45분경에는 이미 대부분 착석 상태였다. 다들 내 입만 바라보는 것 같아 더 시간을 끌 수 없었다.

"아직 부장님이 안 오셨지만, 그냥 말씀드릴게요."

"선생님, 무슨 일이세요?"

나는 기다렸다는 듯이 산타처럼 선물을 꺼냈다. 선물은 내년 달력과 로또였다. "우와. 로또다!"

"학교 근처에 로또 명당이 있어요. 좋은 곳에서 샀으니 꼭 당첨되실 겁니다!"

우리 학교 인근에는 1등 당첨자를 무려 세 번이나 배출한 로또 명당이 있다. 사실 나는 평소에 로또를 자주 사는 편이 아니라 그 세계를 잘 모르는데, 남편은 '1등 3회 배출'이면 꽤 괜찮은 곳이라고 했다.

"이천 원짜리 자동 아홉 장이요."

"이천 원이요?"

"네. 맞아요." 판매하시는 아주머니가 다시 확인했고, 나는 확신에 찬 목소리로 대답했다.

"선물하시려나 봐요."

"네, 크리스마스 선물로요."

"당첨되세요!" 당첨 기원 인사가 너무나 자연스러워서, 한두 번 하신 솜씨가 아니라고 생각했다.

'로또 명당'이라는 말에 선생님들 눈이 반짝였다. 체육 선생님이 먼저 입을 열었다.

"자, 다들 당첨되면 영미 선생님께 뭘 사드릴 건지 말해보세요!"

"저는 1등 되면 그랜저!"

"1등이면 벤츠 E클래스!"

"저는 당첨되면 마이바흐!"

흘러가는 이야기에, 누군가가 6반 선생님을 바라보며 물었다. "근데 6반 선생님! 오천 원 당첨돼도 마이바흐 가능하신 거예요?" 체육 선생님의 날카로운 지적에 6반 선생님은 순간 얼어붙었다. 그는 '1등'이라는 단서를 붙이지 않았다. "오천 원 당첨이면……." 말끝을 흐린 그가, 이내 순간적 순발력을 발휘했다. "마이, 쮸!" 마이바흐에서 마이쮸로 넘어가는 그의 재치에 연구실은 웃음바다가 됐다. 그때 막 학년 부장님께서 들어오셨다.

"무슨 좋은 일 있으세요?"

"부장님, 여기요. 크리스마스 선물 받으세요!"

"로또네요! 아이고, 이런 선물을 다……."

마침 기다렸다는 듯, 모두는 입을 모아 1등 되면 유영미 선생님에게 뭘 사줄지 말해보라고 부장님을 부추겼다. "이미 그랜저부터, 벤츠, 마이바흐까지 나왔습니다."

"음……." 진지하게 고민하시는 부장님의 입가가 씰룩거렸다. "그럼 저는 갭투자로 집 한 채 사드릴게요!"

"헉, 집이라니!" 나는 물개박수를 쳤다.

"근데 갭 나름이죠." 5반 선생님이 경제적 현실을 언급하자, 부장님은 한껏 여유로운 표정으로 대응했다. "걱정마세요. 제가 급에 맞춰서 해드리죠."

"오오! 부장님, 꼭 당첨되세요! 진짜 제발요!" 생각만으로도 하늘을 날 것 같았다. 누가 나에게 차나 집을 사준다는 말을 해주랴! "근데, 아까 그랜저 누구였어요? 너무 약소한 거 아닌가요?" 3반 선생님이 머리를 긁적이며 대답했다. "제가 좀 쪼잔했네요. 죄송합니다."

이런저런 상상으로 하늘을 나는 열기구가 된 연구실. 둥실둥실 마음도 부푼 채, 몽글몽글 행복감에 젖었다. (메리 크리스마스!)

내 맘대로 경제교육

"애들아, 이렇게 하면 부자가 될 수 있대."

이 한마디에 아이들의 눈이 동그래진다. 요즘은 돈 이야기에 민감한 시대이기도 하고, 아이들 스스로도 돈에 대한 관심이 아주 많다.

"애들아, 너희 꿈이 뭐니?"

이 질문에 반마다 꼭 등장하는 대답이 있다. 바로 '돈 많은 백수'. 그러면 나는, 그 꿈이 얼마나 실현되기 어려운지를 설명해 준다. 가장 먼저, '부자'가 되기 위해 얼마의 돈이 필요하다고 생각하는지 물어본다. 대부분 아이들은 10억이라고 대답한다. 그러면 10억을 벌려면 얼만큼의 시간이 필요할지 물어본다. 아이들은 부모님의 월급을 기준으로 계산을 시작한다.

"선생님, 이건 평생 걸려요."

"이번 생은 망했어요."

아이들답지 않게 허탈한 웃음이 쏟아진다. 다음으로 나는 100세에 가까워지고 있는 워렌 버핏 이야기를 꺼낸다. "애들아, 워렌 버핏 할아버지는 왜 아직도 일을 할까?"

돈 많은 사람들 중에는 진짜 '백수'가 거의 없다. 왜냐하면 그들은 돈을 관리하고, 더 불리는 일을 하느라 바쁘기 때문이다. 또한 그렇게 돈을 벌게 된 과정 속에서 터득한 노하우를 결코 그냥 묵혀두지 않는다는 것을 알려준다. 이러한 대화를 통해 아이들과 나는 결론을 내린다.

1. '돈 많은 백수'는 현실적으로 굉장히 어려운 일이다.
2. 물론 아주 드물게 그런 사람들이 존재할 수는 있다. 하지만 그들이 흘린 피, 땀, 눈물을 들여다보면, 그렇게 가볍게 말할 수 있는 내용이 아니라는 것을 모두 인정하게 된다.

이렇게 결론을 내리면 그 다음부터 '돈 많은 백수'라는 꿈의 항목은 쏙 들어간다. 그러면 마지막으로 화려한 마무리를 한다. "너희가 '돈 많은 백수'라는 말을 쉽게 하는 건, 어쩌면 마음속의 나태함이나 게으름 때문일 수도 있어."

이제 아이들은 맞다고 인정한다. 이제 경제에 대한 현실적인 조언을 이어갈 차례다. 돈을 열심히 벌고, 저축하고, 투자하는 법에 대해 이야기해준다. 그동안 이 패턴으로 아이들에게 이야기해주면 아이들은 고개를 끄덕이며 열심히 살겠노라고 순순히 자백(?)했다.

그런데 오늘은 다르다. 내 말을 듣고 있던 한 아이가 손을 번쩍 들고 말했다.

"선생님, 그런데 저는 통장을 못 만들어요."

"너희는 미성년자니까 당연히 못 만들지. 하지만 부모님이랑 함께 은행에 가면 만들 수 있어."

"그게 아니라 저는 중국인이라 안 된대요. 저도 투자하고 싶은데, 못해요."

그 순간, 난 좀 당황했다. 이 문제에 대해 깊이 생각해 본 적이 없었기 때문이다. 억울하다는 표정의 학생을 보며 어떤 말을 해줘야 하나 고민하다가, 문득 토스트 회장님 이야기가 떠올랐다. "얘들아, 토스트 회장님은 돈을 셀 시간도 없이 벌었어. 주중엔 그냥 비닐봉지에 돈을 담아두고, 주말에야 겨우 돈을 셌대."

투자가 어렵다고 주저하지 말고, 투자가 필요 없을 정도로 자신의 능력을 키우는 길도 있다는 이야기를 전하고 싶었다. 그때 한 아이가 말했다. "맞아요! 어떤 중국 아저씨는 현금으로 벤츠도 샀어요!"

'벤츠'라는 말에 아이들의 귀가 솔깃해졌다. 이야기를 들어보니, 중국인 아저씨가 학교 근처에 중국인들을 대상으로 음식점을 열어서 현금 부자가 되었다는 이야기였다.

나는 아이들에게 말했다. "얘들아, 다 방법이 있어. 세상에 너희가 줄 수 있는 게 뭔지 생각해봐. 음식을 줄지, 옷을 줄지, 아니면 어떤 서비스를 줄지 오늘부터 생각해 보는 거야."

아이들은 진지해졌다. 각자 부자가 된 자신의 모습을 상상하고 있는 듯했다. 나는 마지막으로 웃으며 말했다. "얘들아, 나중에 진짜 부자 되면 선생님 잊지 마~."

오늘도 더듬더듬 내 맘대로 경제교육은 그렇게 마무리되었다.

너의 욕구를 말해봐1

"애들아, 오늘은 욕구 코칭을 해볼 거야."
"욕구요? 그게 뭐예요?"
'욕구'라는 단어에 아이들의 눈이 동그래졌다. 오늘은 다 같이 '욕'하는 거냐며 깔깔 웃는 아이도 있었다.
"욕구란 무언가를 하고 싶은 마음이야. 우리가 말이나 행동으로 표현할 때, 그 말 속에 숨어 있는 마음을 뜻하지."
"말 속에 마음이 숨어 있다고요?"
아이들은 말과 마음이 연결돼 있다는 걸 쉽게 이해하지 못했다. 정확히 말하자면, 말과 마음을 다시 생각해 보는 것이 낯설었던 것이다.
다문화 학생들은 많은 에너지를 '생존'에 쏟다. 의식주에 대한 안정성이 상대적으로 낮기 때문에, 생리적이고 물리적인 욕구에 집중할 수밖에 없다. 매슬로의 욕구 위계 이론으로 보면, 이 아이들은 생리적 욕구와 안전 욕구에 대부분의 에너지를 사용하기 때문에, 소속감이나 애정, 존중, 자아실현 같은 상위 욕구의 필요성을 쉽게 느끼지 못하는 경우가 많다. 그래서 교사들은 매일같이 아이들의 시선을 하위 욕구에서 상위 욕구로 이끌어올리기 위해 애쓴다. 우리가 생리적 욕구나 안전 욕구를 전부 해결해 줄 수는 없지만, 세상에는 '더 높은 욕구'도 있다는 걸 알려줄 수는 있다고 생각한다. 다문화학교에 근무하면서 나는 그 욕구이론에 반기를 들기 시작했다. 그 욕구이론에 갇혀 있으면 아이들에게 해줄 수 있는 것이 제한되는 느낌이 들었다. 꼭 욕구가 순서대로 채워져야 상위 욕구가 생기는 건 아니다. 어쩌면 자아실현의 욕구가 오히려 생리적, 안전 욕구를 채워줄 수도 있다고 생각했다. 그래서 나는 아이들에게 다양한 경험의 문을 열어주어야겠다고 생각했다.

"얘들아, 윌리엄 글라써(William Glasser)라는 아저씨가 있는데, 이 분은 인간의 마음 깊은 곳에 다섯 가지 욕구가 있다고 했어. 생존의 욕구, 사랑의 욕구, 힘의 욕구, 자유의 욕구, 그리고 즐거움의 욕구야."

"그게 우리랑 무슨 상관이예요?"

"이걸 알면 나 자신도 이해할 수 있고, 다른 사람도 이해할 수 있어."

"그러면 뭐가 좋아요?"

아이들은 여전히 고개를 갸웃하며 나를 바라봤다.

"사람을 깊고 넓게 이해하는 사람은 인생 난이도가 쉬워져. 게임으로 치면 좋은 아이템을 하나 얻는 거지."

"아!"

게임 이야기에 아이들의 눈이 반짝였다. 그제야 아이들은 이야기를 들을 준비가 된 듯했다. 나는 욕구 코칭에 사용하는 간이 설문지를 나눠 주었다. "얘들아, 긴장하지 말고, 편하게 표시해 봐."

러시아에서 온 학생들도 번역기를 켜서 한 항목씩 표시해 나가기 시작했다.

"자, 이제 점수를 계산해보자."

"아, 싫어요!"

"너희 점수를 알아야 선생님이 너희가 어떤 사람인지 알려줄 수 있잖아. 이 정도는 할 수 있지?"

"야, 이거 타로 카드 점 보러 왔다고 생각해. 돈도 안 내고 좋잖아. 얼른 계산해."

한 친구의 기막힌 설득에 결국 아이들은 욕구 점수를 계산하기 시작했다. '타로 카드 점이라니!' 나도 모르게 웃음이 났다. 참 기발하고 귀여운 설득 방식이었다.

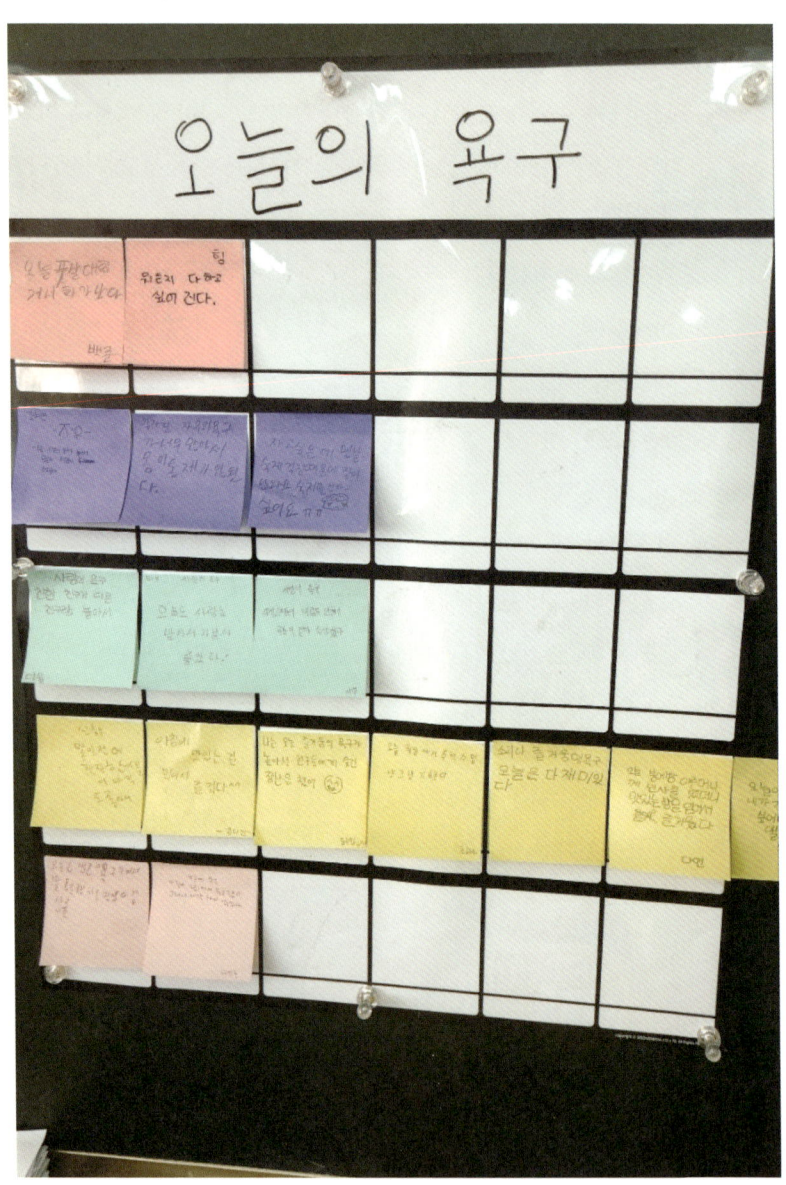

매일 오늘의 욕구 쓰기

너의 욕구를 말해봐2

첫 번째 시간은 욕구 테스트로, 두 번째 시간은 욕구에 대한 이해의 시간으로 운영했다. 아이들에게 각 욕구에 대한 간단한 설명을 전하며, 스스로를 들여다보는 시간을 가졌다.

생존의 욕구

생존의 욕구는 잘 살아가기 위해 열심히 살게 합니다. 건강과 안전, 몸과 상식이 중요하며, 보수적인 경향을 지니는 경우가 많습니다. 규칙을 중요하게 여기며, 아끼고 모으는 데 큰 만족을 느낍니다.

사랑의 욕구

사랑의 욕구는 우리가 흔히 생각하는 '사랑'과 같습니다. 사람에 대한 관심이 많고, 친밀한 관계나 함께 있는 시간을 소중히 여깁니다. 누군가와 연결되어 있다는 느낌을 중요하게 여기며, 함께하는 것을 즐기고 베푸는 데 익숙합니다. 이 욕구가 충족되지 않으면 유난히 서운함을 잘 느끼기도 합니다.

힘의 욕구

힘의 욕구는 무언가를 성취하고자 하는 강한 열망입니다. 추진력이 뛰어나고, 옳다고 믿는 것은 강하게 주장합니다. 승부욕이 강하며, 늘 당당하고 자신감이 넘칩니다. 지시하거나 지적하는 것을 두려워하지 않는 성향도 보입니다.

자유의 욕구

자유의 욕구는 무언가로부터 벗어나고 싶어 하는 마음입니다. 강요나 규칙을 싫어하며, 혼자 있는 것을 즐깁니다. 사람에게 얽매이는 걸 꺼리고, 창의적이고 독립적인 사고가 특징입니다.

즐거움의 욕구

즐거움의 욕구가 큰 사람은 노는 것을 좋아하고, 호기심이 많습니다. 똑같은 일이라도 새로운 방식으로 해보는 걸 좋아하며, 배움과 가르침에도 적극적인 태도를 보입니다.

이 설명을 마친 뒤, 아이들을 같은 욕구를 가진 친구들끼리 모아 '여행'을 주제로 이야기를 나누게 했다. 그리고 그 대화 속에서 나온 키워드를 함께 찾아보았다. 교실 여기저기에서 "와!", "대박!" 같은 탄성이 터져 나왔다. "선생님, 진짜 신기해요!"

아이들은 자신과 비슷한 성향의 친구들을 만나며 깊은 공감과 놀라움을 느꼈다. 만약 공감이 잘 되지 않는 친구가 있으면 검사지를 다시 꺼내어 숫자를 다시 계산해 보게 했다. 의외로 점수를 잘못 합산한 경우도 종종 있었다. "야, 너 여기 아니야. 빨리 저쪽 팀으로 가야 돼!" 검사지를 다시 계산해 주고 다른 욕구 그룹으로 옮겨주는 모습도 자연스럽게 이어졌다. 신기하게도 각 팀의 키워드는 그 팀의 욕구 성향을 고스란히 담고 있었다.

생존 팀은 '비용, 안전', 사랑 팀은 '함께하는 사람', 힘 팀은 '추천하는 여행지', 즐거움 팀은 '재미있는 코스', 자유 팀은 '뭐든 상관없음'이었다.

이 결과를 들은 아이들은 문득 가족을 떠올리기 시작했다.

"저거, 우리 엄마가 맨날 하는 말이에요!"

"와, 우리 언니가 꼭 저래요!"

욕구를 통해 서로를 해석하면서, 그동안 이해되지 않았던 순간들도 이해되기 시작했다. 아이들의 얼굴에 번지는 표정을 보며, 나 또한 마음이 뻥 뚫리는 기분이 들었다.

"선생님, 이거 진짜 대박이에요!"

이렇게 말해주는 아이들 덕분에, 욕구 코칭을 교실로 들여오길 정말 잘했다는 생각이 들었다. 그리고 나는 속으로 조용히 아이들에게 말했다. "그렇게 말해주는 너희가 더 대박이야."

> 초록 불이 켜질 때를 초조하게 기다렸다 재빨리 건너는 사람, 멀리서부터 힘껏 달려와 겨우 초록 불에 올라탄 사람, 신호가 바뀌려면 아직 한참 남았는데도 건너기를 포기한 사람까지… 초록 불이 켜진 동안 횡단보도 앞 사람들 모습이 각양각색이지요. 오늘도 초록 불이 켜지면 걸음이 느린 이를 재촉하지 않고 도움이 필요한 이를 외면하지 않고 함께 건너는 다정한 마음이 함께 켜지기를…….

초록
함께 건너기

스즈메의 문단속

수업 종이 울리면, 나는 노란 바구니를 옆구리에 끼고 연구실을 나선다. 여러 교실을 돌아다니는 전담 교사에게 바구니는 필수다. 그 바구니 속에 먹을거리가 가득 들었으면 좋겠지만, 현실은 온통 학습지뿐이다.

준비성이 뛰어나지 않아서인지 내 바구니는 늘 무겁다. 여러 차시용 학습지를 골고루 넣고 다니다 보니, 모든 돌발상황에 대응하려고 애쓰고 있는 셈이다. (다시 생각해 보면, 이건 오히려 준비성이 뛰어나서인 것 같기도 하다.)

무거운 노란 바구니 덕분에 교실 문 앞에 서 있기만 해도 담임 선생님들이 문을 열어주신다. 이런 호사를 매일 누리다니 참 감사한 일이다. 그런데 가끔은 마치 '공포체험 코너'에 강제로 손님을 밀어 넣는 놀이동산 요원 같은 묘한 친절로 느껴질 때도 있다. (선배님, 수고하세요~ 후훗~ 하며 문을 닫아 주는 후배라니, 얄밉다잉!)

0.3초 정도의 패배감을 뒤로하고, 나는 용감하게 학습지를 꺼낸다. 이순신 장군님께 열두 척의 배가 있다면 내게는 열두 종류의

학습지가 있다. 이 노란 바구니만 있으면 어떤 수업이든 가능하다.

수업을 마치면 내 옆구리에는 어김없이 노란 바구니가 매달린다.

"선생님, 안녕히 가세요!" 하고 아이들이 외치면 나는 손을 한 번 흔들고 쿨하게 교실 문을 열고 싶다. 그러나 현실은 그렇지 않다. 문 앞 테이블에 바구니를 잠시 내려놓고 낑낑대며 문을 여는 게 보통이다. 반마다 슬라이드 도어가 밀리는 정도가 제각각이다. 바퀴에 껴 있는 먼지 상태에 따라 쉽게 열리는 문도 있지만 너무 뻑뻑해서 애를 먹이는 문도 있다.

몇 달간 고민한 끝에 각반마다 '스즈메'를 임명하기로 했다. 교실 속 스즈메는 노란 바구니를 옆구리에 낀 나를 도와줄, 문을 여닫는 존재다.

"얘들아, 혹시 스즈메가 될 친구가 있을까?"

"그게 뭐예요?"

"야, 그것도 몰라! 문단속하는 거잖아!"

"오, 아는 친구가 있네. 선생님이 바구니를 들고 나갈 때 문 여는 게 좀 힘든데, 도와줄 친구 있어?"

적막이 흘렀다. 아이들은 눈동자를 좌우로 굴린다.

"저요!"

하며 지원자가 바로 나오는 반도 있지만 끝까지 아무 말이 없는 반도 있다. 지원자가 없는 반은 어쩔 수 없이 내가 직접 지목한다.

"지훈아, 선생님 좀 도와줄래?"

4반에서는 지원자가 없어서 지훈이에게 다가갔다. 그는 싫어하

수업 마치고 나갈 때 배웅해 주는 아이들

지 않는 눈치였다. 평소 말수가 적고 조용한 아이였기에 싫다고 하면 어쩌나 했지만 다행히 거부하지 않았다.

지훈이는 영어를 잘 못한다. 아니, 영어뿐 아니라 전반적으로 공부에 큰 흥미가 없어 보인다. 그런데도 한 시간 내내 나를 쳐다보는 게 신기했다. 그런 모습이 좋아서, 나는 망설임 없이 지훈이를 4반의 스즈메로 임명했다. 처음엔 짧은 인사만 나눴지만, 그 시간을 활용해서 스몰토크도 할 수 있게 되었다.

"지훈아, 오늘 수업 어땠어?"라고 물으면, 처음에는 좋았다, 재미있었다고만 대답하던 아이의 대답이 점점 길어졌다. "선생님, 과거형이 어렵네요." 그러면 나는 교실을 나가려다 다시 학습지를 펼쳐 들고 지훈이에게 설명했다. 솔직히 지훈이가 완벽히 알아듣는 건 아닌 느낌이 들었지만 그래도 고개를 끄덕여주는 모습이 기특했다. (어쩌면 빨리 나가라는 신호였을지도 모르겠지만)

전혀 영어를 따라오지 못하던 지훈이는 서서히 알파벳을 쓰고 단어를 외우기 시작했다. 어느 날은 "선생님, 이 문장 맞아요?"라며 먼저 질문을 던지기도 했다. '스즈메'라는 페르소나 하나가 지훈이가 영어와 더 친해질 수 있게 했다는 것이 놀라웠다. 문단속 경험이 영어 학습에 흥미를 불러일으키다니 예상치 못한 결말이었다.

이제 나는 지훈이 책상 위에 이런 표지판을 놓고 싶다. '스즈메는 열공 중!'

비공식 학급

우리 학년에는 총 7개 반이 있다. 하지만 비공식적으로는 아홉 개 반이 운영되고 있다. 연구실에 찾아오는 두 분의 선생님이 있기 때문이다. 어느 순간부터 우리는 그들을 8반 선생님, 9반 선생님으로 부르기 시작했다.

8반 선생님은 학년 부장님의 대학 동기다. 대학 시절부터 친분이 있어서인지 자주 우리 연구실에 들렀다. 워낙 성격이 좋아서 우리 학년 선생님들과도 금세 허물없이 지내게 되었다. 특히 커피를 좋아해서 연구실에 들를 때마다 커피를 한 잔씩 얻어 마셨는데, 어느 날은 산타처럼 큰 커피 캡슐 박스를 선물로 가져오기도 했다. 그 뒤로 우리도 커피만 마시고 가려는 그분에게 간식을 권하기 시작했고, 자연스레 머무는 시간이 길어지면서 수다 타임도 늘어났다.

9반 선생님은 8반 선생님과 공식적으로 같은 학년이다. 하지만 일찍부터 8반 선생님을 통해 9반 선생님의 소식을 접해왔던지라,

이미 마음속으로는 꽤 친숙해져 있었다. 또 업무 때문에 부장님을 자주 만나러 오다 보니 우리 학년 선생님들과도 일찍부터 얼굴을 트게 되었다. 점점 9반 선생님도 우리 연구실에 머무는 시간이 늘어나기 시작했다.

사실 우리 연구실은 오는 사람 막지 않고, 가는 사람 막지 않는다. 누구든 환영이다.
"여기는 참 따뜻하네요." 9반 선생님의 말씀에 우리 학년 선생님들은 웃음을 터뜨렸다.
"선생님 학년은 어때요? 거긴 안 따뜻해요?"
"음. 안 따뜻한 건 아닌데, 노코멘트 하겠습니다."
이렇게 이야기를 나누고 있는데, 마침 8반 선생님이 연구실로 들어오셨다.
"어? 선생님, 왜 여기 계세요?"
"어? 그러면 선생님은 왜 여기 계시는 거죠?"
두 남자의 조우에 우리는 웃음을 터뜨렸다. 나는 중재자가 되기로 했다.
"자, 인사하시죠. 여기는 8반 선생님, 그리고 여기는 9반 선생님이세요. 자, 이전 기억은 없는 걸로 하죠."
"8반 선생님, 안녕하십니까?"
"아이고, 9반 선생님, 처음 뵙겠습니다."
두 분은 마치 처음 만나는 사람처럼 정중하게 인사를 주고받고는 다정하게 차를 한 잔씩 마신 뒤 나갈 때도 공손히 작별 인사를 건넸다.
"9반 선생님, 반가웠습니다. 어디선가 또 뵐 수 있을 것 같아요."
"네, 8반 선생님. 그때 다시 새로운 모습으로 뵙겠습니다."
연구실을 나서는 두 선생님의 뒷모습이 호빵처럼 따뜻해 보였다.

다음 날 9반 선생님은 사과 한 봉지를 들고 오셨다. "제가 맨날 얻어먹어서 사 왔습니다. 이 따뜻한 소식을 널리 소문내 주세요."
우리는 9반 선생님께서 주신 사과를 깎아 먹으면서 미담 사례를 연구실 칠판에 적었다.
"앗, 이거 8반 선생님이 보시면 좀 그럴까요?"
"아뇨. 8반 선생님 눈 나빠서 화이트보드는 자세히 보지 않을 겁니다."
평소 멀리 있는 사람을 잘 알아보지 못하는 시력을 가진 그이기에 우리는 모두 고개를 끄덕였다.

점심 시간. 지나가던 8반 선생님이 연구실을 방문했다. 그는 오늘따라 화이트보드를 유심히 살펴보기 시작했다. "어? 이거 뭐죠? 9반 선생님이 사과를? 우리 연구실에서는 못 본 장면인데." 8반 선생님이 핸드폰으로 사진을 찍으며 말했다.
"앗! 그게!" 몸을 날리고 싶었지만 이미 늦었다. 손이 빠른 그는 재빨리 사진을 같은 학년 카톡방에 올렸다. 말릴 새도 없이.

이유는 모르겠지만, 이후 9반 선생님의 발길이 뜸해졌다. (9반 선생님, 따뜻한 소식을 너무 많이 알려서 죄송합니다.)

AI와 함께

"자, 책이 왔습니다."

1반 부장님께서 택배를 열었다. 책과 부직포 쇼핑백이 들어 있었다. AI를 활용해서 아이들이 각자 '나만의 동화'를 만들고 그것을 책을 출판까지 할 수 있도록 돕는 프로그램을 사용한 결과다. 부장님께서 같은 학년 선생님들에게 보여주려고 먼저 작업을 빠르게 했다.

"부장님, 이게 한 권에 얼마죠?"

"한 2만원 정도입니다."

우리는 아이들의 책들을 살펴보며 이 책이 2만원의 가치가 있는가에 대하여 이야기를 나누었다.

"저는 가치가 있다고 생각해요. 아이들이 손으로 그린 작품들을 사진 파일로 만든 다음 포토북으로 만드는 것도 거의 2만원 정도 들거든요."

"저는 아이들이 책이라는 것을 너무 쉽게 만드는 것이 아닌가 싶어 좀 조심스럽네요."

교사 개인마다 의견은 조금씩 달랐지만 정리해 보면, 과정으로 생각하면 아깝지 않고, 결과물로 생각해 보면 아깝다는 의견으로 나뉘었다.

결국, 이 프로그램의 가치는 사용자가 만들어간다는 결론을 내렸다. 챗GPT가 말해주는 답처럼 뻔한 결론이었지만 전혀 틀린 말은 아니었다.

"와, 이 책 재밌겠다!" 한 선생님이 책을 펼쳐 들었다.
"제목이 뭐예요?"
"『메리와 은우의 만세운동』이요."
표지에는 아름다운 외국 여성과 차은우를 연상케 하는 멋진 남성이 그려져 있었다.
"설마, 이거 로맨스인가요?" 내가 책장을 넘기며 물었다.
"아닙니다. 메리라는 외국 여성이 독립운동에 참여하는 멋진 이야기입니다. 아쉽게도 로맨스는 없습니다." 부장님은 안경을 고쳐 쓰며 차갑게 대답했다.
"근데 부장님은 어떻게 다 알아요?" 빠른 대답으로 나의 기대감을 한 방에 날려버린 그가 얄미워서 물었다.
"저는 편집하면서 하나하나 다 봤죠."
"아!"
역시 꼼꼼한 우리 부장님이다. 아이들 책 하나하나를 펼쳐가며 어떤 이야기가 담겨 있는지, 어떻게 후보정(?) 작업을 했는지 설명했다.

"역시 우리 부장님! 참교사!" 모두 부장님의 노고에 박수를 쳤다. AI 프로그램의 한계를 극복하고자 했던 그의 의지와 열정이 느껴졌다. 신난 부장님은 또 다른 책을 펼쳐 들고 설명을 이어갔다.

"이 책에서 주인공은 왜 초록색 티셔츠이냐면요. ○○○이 매일 초록색 티셔츠만 입기 때문입니다."

"아! ○○○!"

나는 인상을 찌푸렸다. 항상 초록색 티셔츠만 입는 ○○○의 모습이 떠올랐기 때문이다. 옷도 잘 빨지 않고, 몸도 잘 씻지 않는 듯한 느낌을 지울 수 없는 그 아이. 출간된 책에서의 초록색과 실제 초록색은 달라도 한참 달랐다.

"초록색이 실제보다 참 아름답네요."

"그죠? 하하하."

나는 다시 『메리와 은우의 독립운동』이라는 책을 펼치며 말했다.

"부장님, 근데 이건 2권이 있었으면 좋겠어요. 남주와 여주가 너무 예뻐요." 아쉬움을 담은 나의 말에 모두 한마디씩 거들었다.

"맞아요. 난리 통에도 사랑은 꽃핀다고요!"

"그 둘이 결혼해서 후손이 근현대사에 중대한 인물로 부상하는 것은 어때요?"

"이거 드라마 〈미스터 션샤인〉인가요?"

"아! 그 후손이 계엄 상황에서 응원봉을 파는 건 어때요?"

AI로 만든 동화책

"그 응원봉 판 돈으로 커피 선결제를 해주고?"

"이번에는 〈파친코〉의 느낌인가요?"

한마디씩 거드는 바람에 우리의 이야기는 드라마 〈미스터 션샤인〉과 〈파친코〉를 오갔다. 아무 말 대잔치였지만 우리도 역사의 큰 흐름 속에 있다는 것을 선명하게 느낄 수 있는 순간이었다.

우리는 2024년을 사는 유진 초이, 선자가 될 수 있다. (어쩌면 응원펑일지도!)

칭찬 대포

"와! 너무 잘생겼어!"

내가 이렇게 외치면 5학년 교실은 난리가 난다. 1학년 교실에서는 최고의 찬사가 되지만 5학년 교실에서는 절대 듣고 싶지 않은 칭찬이 된다.

"야, ○○이 변우석 닮지 않았니?" 이 한마디에 ○○이는 울상이 된다. "선생님, 차라리 저를 죽여주세요."

또래 반응에 예민한 아이들에게 '변우석'이라는 별명은 좋지만 싫고, 싫지만 또 좋은, 그런 모순의 단어이다. 사실 그들에게 중요한 건 진짜 변우석을 닮았느냐가 아니라 또래들이 인정해 주느냐 아니냐의 문제다. 또래들의 반응에 따라 한 사람이 미남이 되기도 하고, 역적이 되기도 한다. 고학년이 될수록 이렇게 또래 집단의 힘이 점점 강해진다. 그 과정을 한번 살펴보자.

저학년 아이들은 선생님의 반응을 살피느라 하루 종일 바쁘다. '내가 이렇게 하면 선생님이 칭찬 해줄까, 안 해줄까?' 고민한다.

작은 눈망울이 바삐 움직일 때면, '선생님이 좋아하는 행동'과 '싫어하는 행동' 사이에서 갈등하고 있음을 쉽게 눈치챌 수 있다. '선생님이 뭐라고 하셨더라? 교과서에는 뭐라고 나와 있었지?' 이렇게 머리를 굴리며 최대한 '옳은 답'을 찾으려 애쓴다.

하지만 고학년이 되면 판이 훨씬 복잡해진다. 내가 찾아야 할 '답'이 선생님의 말씀이나 교과서에 있지 않다. 오직 친구들 마음속에 있다. 똑같은 행동이라도 누가 하느냐에 따라 친구들의 반응이 달라진다. 인정받는 학생은 무엇을 해도 호응이 따라오지만 그렇지 않은 학생이 섣불리 나서면 비난받기 십상이다.

"너무 모범생 같잖아."

"인성이 글러 먹었네."

친구들의 반응이 중요하다 보니 아이들은 매 순간 자기 위치를 확인한다. 내 또래 집단이 날 지지해 줄까, 아닐까를 계속 고민한다. '이건 좀 아닌 것 같은데' 하며 무작정 저지른 엉뚱한 행동도 친구들이 웃어주면 '옳은 행동'이 된다. 그러면 아이는 '아, 이렇게 해도 되는구나! 아니, 오히려 좋네.'라고 생각하며 더 과감하게 이상한 행동을 한다.

고학년 담임 교사들은 매일 더 건강한 또래 문화를 만들기 위해 또래 집단과 싸운다. 분위기가 좀 요상(?)해진다 싶으면 바로 개입해 조정에 들어간다. "얘들아, 이럴 땐 이렇게 행동하는 게 맞니?" 내가 고학년 담임이었을 때 가장 자주 했던 질문이다. 아이들이 정상적 판단을 바탕으로 행동하길 바라는 마음에서 나온, 조금은 불평 섞인 질문이었다. 하지만 "죄송합니다."라는 답을 들을 수 있을 거라는 기대감은 점점 사라지는 추세다. 오히려 이런 답변이 늘어나고 있다. "그게 뭐가 문제인가요?"

처음 이런 답을 들었을 땐 교권 '붕괴' 느낌을 받아 '분개'하기도 했다. 그런 말을 한 학생을 미워하면서 하루 종일 분노와 미움의 시간을 보냈던 적도 많았다. 그런데 시간이 흐르면서 깨달았다. 그런 태도에 분개하는 것은 결국 나를 망가뜨리는 지름길이란 것을.

그래서 전략을 바꿨다. 말도 안 되는 행동을 하는 학생에게 오히려 칭찬 대포를 쏘아준다. "야! 너처럼 잘생긴 애가 어떻게 그런 말을 할 수 있니?"

그러면 그 학생은 즉시 친구들을 쳐다본다. 친구들의 반응에 따라 긴급하게 움직일 준비가 되어 있다. "선생님, 말도 안 되는 소리 하지 마세요!" 친구들이 이렇게 말하며 그 애를 놀리거나 비난한다. 그러면 학생은 나에게 애원한다. "선생님, 제가 잘못했어요."

이 '정면 칭찬하기' 권법은 돌려까기보다 훨씬 쉽다. 또래가 휘두르는 '사랑의 매'를 경험한 학생은 금세 정상 궤도로 돌아온다. 사실 나 또한 또래 집단이 무섭다. 그래서 그들을 조심한다. 그리고 그들이 내게 던지는 칭찬을 재빨리 반사한다.

"선생님, 너무 예쁘세요!"

"무슨 소리야, 선생님은 곧 할머니야. 네가 훨씬 예뻐! 걸그룹이 따로 없네!"

이렇게 칭찬을 칼같이 차단하고 나서 재빨리 그 자리를 떠난다. 언제 '(또래)사랑의 매'를 맞게 될지 나도 모르기 때문이다.

오늘도 또래 집단이라는 판 위에서 누구는 웃고, 누구는 울고, 누구는 벌을 받는다. 이 정신없는 판 위에서 교사들은 하루 종일 밀고 당기기를 통해 교실의 균형을 치열하게 맞춰가고 있다. 아이들이 진짜 자기 생각으로 옳고 그름을 판단하는 멋진 경험이 더 많아지길 바란다. (그날까지 칭찬 대포는 나의 비밀 병기!)

불타는 사랑

 드디어 기다리던 순간이다. 전담 교사의 수업 시수를 모두 마치고, 종업식 전까지 일주일간의 자유를 얻었다. 연구실에서 선생님들과 둘러앉아 깎은 사과를 씹어 먹는데 인터폰이 울린다. 역시 불길한 예감은 틀린 적이 없다.
 "유영미 선생님, 2학년 ○반 임시 담임 좀 부탁드립니다."
 '임시 담임'이라는 말에 사과 조각이 목에 딱 걸렸다.
 "임시 담임이요?"
 "네, 죄송합니다."
 "네, 켁, 알, 켁, 겠, 켁, 습, 켁, 니, 켁, 다."
 의도한 것은 아니었지만 '켁켁' 소리를 통해 당황스러움과 불편한 감정이 고스란히 전해졌다. 전화를 끊고 물 한잔 들이켰다. 한결 개운해진 마음으로 2학년 교실로 향했다.
 "얘들아, 안녕."
 2학년 귀염둥이들이 반가워했지만, 1학년 때만큼 폭발적인 반응은 아니었다.

"어? 어디서 많이 봤는데?"

"야, 작년에 1학년 3반 선생님이잖아."

작년 우리 반이었던 학생들이 잘난 척하며 다른 아이들에게 설명을 덧붙였다.

"아. 맞다."

"야, 우리 선생님 작가야."

"진짜야?"

"야, 우리 선생님 진짜 좋아."

"진짜야?"

"어쩔 땐 엄청 무서워."

"진짜야?"

어느새 아이들은 '진짜야 놀이'에 열중했다. 분명 내가 대화 주제인데 모두 나에게는 크게 신경 쓰지 않았다. 왠지 묘한 외로움이 스쳤다.

"얘들아, 여기 봐. 선생님은 오늘 하루 동안 너희 담임 선생님이 될 거야. 잘 부탁해."

"와!"

그때, 야무지게 생긴 한 여학생이 다가와 작은 목소리로 귀띔했다. "선생님, 김○○을 조심하세요." 그 아이는 '어떻게 조심해야 하는지는 선생님도 알고 있죠?'라는 눈빛을 보내더니 차갑고 도도하게 자리로 돌아갔다.

여학생이 떠나자마자, 김○○이 자신의 존재감을 드러내기 시작했다. 수업을 시작하기도 전에 자리를 이탈하고 교실을 돌기 시작한 것이다.

"김○○, 자리에 앉으세요."

김○○은 나에게 썩은 미소(?)를 날리더니 더 빠르게 돌아다녔다. 나는 깊게 한숨을 내쉬었다.

"선생님, 김○○은 원래 저래요. 신경 쓰지 마세요." 다른 아이가 귀띔하듯 알려주었다.

"아, 그렇구나. 그래도 선생님은 오늘 김○○가 멋지게 생활하면 좋겠어. ○○아, 가능할까?" 나는 두 입술을 꼭 다물고, 두 눈은 더 크게 뜨며 ○○이에게 부탁했다. 그 순간, 김○○은 갑자기 멈춰서더니 슬며시 자리에 앉았다.

"우와! ○○가 갑자기 멋있어졌어!" 내가 박수 치며 활짝 웃자 아이들이 힐끗 나를 쳐다봤다.

"얘들아, 너희도 ○○에게 박수를 쳐주면 어떨까? 오늘 왠지 좋은 예감이 드네!" 아이들은 고개를 갸우뚱하더니 이내 박수를 쳤다. 기분이 좋아진 김○○은 어깨를 들썩이며 춤을 췄다.

"선생님, 저는 지원이를 좋아해요!"

"악!"

아이들이 머리를 쥐어뜯었다. 갑자기 튀어나온 고백에 어리둥절해 있는 나를 위해 똑 부러지는 여학생이 설명을 보탰다. "선생님, 김○○가 기분이 좋으면 저렇게 이상한 소리를 해요. 사실 지원이를 좋아하거든요."

나는 지원이를 바라봤다. 작년에 우리 반이었던 지원이는 예쁘고, 공부도 잘하고, 친구들에게도 친절한, 누가 봐도 모범생인 아이였다.

"지원아, 지금 기분이 어때?"

"선생님, 저는 너무 싫어요."

"왜?"

"저는 ○○가 싫거든요."

지원이의 단호한 한마디에도 김○○은 여전히 행복한 표정이었다. 이 심각한 온도 차를 어찌할꼬. 나는 두 팔을 걷어붙였다.

"○○야, 선생님이 오늘 아주 중요한 걸 알려줄게."

"뭔데요?"

"여자아이들은 지금 너처럼 공개적으로 감정을 드러내는 걸 별로 안 좋아해."

"왜요?"

"부끄럽기도 하고, 진심이 잘 안 느껴질 때가 있거든."

지원이가 고개를 끄덕였다.

"○○야, 방금 지원이가 고개를 끄덕이는 거 봤지? 내 생각엔 지원이가 너를 싫어한다기보다는, 네가 이렇게 갑자기 티 내는 행동을 싫어하는 것 같아. 그렇지, 지원아?"

"네, 저는 그런 행동이 싫어요."

"그렇지? 선생님은 모르는 게 없지?"

김○○은 갑자기 진지해졌다. 평소 깊이 생각하는 것보다 순간의 감정에 충실한 아이가 이렇게 진지해졌다는 건 엄청난 사건이었다. 지금이야말로 교육의 결정적 시기라고 판단했다.

"○○야, 혹시 지원이의 이상형이 뭔지 알아?"

"이상형이 뭐예요?"

"누군가를 좋아할 때, 그 사람의 모습이나 성격 같은 거 말이야. 네가 지원이를 좋아한다면, 지원이가 어떤 사람을 좋아하는지 알아야겠지?"

"네."

우리는 다 같이 지원이의 이상형에 대해 들어보았다. 그러자 옆에서 한 학생이 손으로 '엑스(X)' 표시를 그리며, 둘 사이는 절대 좋아질 수 없다는 듯 머리를 흔들었다. "○○는 지원이의 이상형이 아니야."

나는 다시 지원이에게 물었다. (지원이만 볼 수 있게 살짝 눈짓하며) "지원아, 만약 ○○가 지원이가 지금 말한 모습으로 바뀐다면, 좋아해줄 마음이 있어?"

눈치 빠른 지원이는 내 눈짓을 알아채고 큰 소리로 대답했다. "네! 물론이죠!"

나는 김○○를 바라보며 말했다. "○○야, 혹시 너도 행동을 바꿀 생각이 있어?"

"네! 저는 바로 바꿀 거예요."

"얘들아, 우리 ○○가 앞으로 어떻게 변하는지 지켜보자!"

"네!"

우리는 정말 ○○가 달라지길 바라는 마음으로 박수를 쳐주었다.

"선생님, 그런데 ○○는 벌써 변했어요."

"벌써?"

"전에는 아무 말도 안 듣고, 교실을 막 돌아다녔어요. 오늘은 안 그러잖아요. 이미 엄청 멋지게 변한 거예요."

나는 느꼈다. 김○○ 가슴속에 사랑의 불꽃이 타오르고 있다는 것을. (○○야, 미안하다. 네 사랑을 조금 '활용'해 버린 나를 용서하렴.)

보결 후 학생에게 받은 미니 책

노란 넥타이

"얘들아! 오늘 특별한 날인 거 알지?"
"아아니이요오!"
알면서도 모르는 척하는 아이들이 참 우습다. 정말 몰랐다면 '무슨 날이요?'라고 되물었을 텐데, 얼굴에 웃음을 잔뜩 머금고 "아아니이요오!"라고 대답하는 걸 보니, 이 녀석들 참 음흉(?)하다.

오늘 5학년 1반에는 특별한 일이 참 많다. 4교시에는 교생 선생님의 첫 수업이 예정되어 있고, 6교시에는 국회의원 16명이 참관하러 온다. 일주일 전부터 우리 학년 선생님들이 5학년 1반을 구석구석 청소하고 가을맞이 환경구성도 마쳤다. 주말 동안에는 외부 업체가 와서 교실 소독까지 끝냈다.
1반 부장 선생님은 오늘 양복에 넥타이까지 맸다. 그가 넥타이를 맨 모습을 처음 보는 듯했다. 전담 교사인 나는 '분위기 잡기'로 도움을 주려고 했지만, 너무 과한 건 안 될 것 같아 적당히 분위기를 이끌어간다.

"얘들아, 교실이 많이 깨끗해졌지?"

"네."

"국회의원님들 오신다고 이렇게 대청소했는데, 기분이 어때?"

"……."

아이들은 국회의원 따위에 관심이 없다. (너무 많은 걸 바랐나. 미안.)

"얘들아, 오늘 교생 선생님 수업도 있지?"

"네!"

이제야 좀 반응을 보이는 아이들. 내 눈을 빤히 바라본다.

"선생님도 곰곰이 떠올려 보면, 교생 첫 수업이 참 기억에 많이 남았어."

맨 뒷자리에서 장학사 모드(?)로 바라보고 있던 교생 선생님이 이 말을 듣고 나를 쳐다본다. 나는 눈을 찡긋거리며 말을 이었다.

"내 생각에 오늘은 ○○○ 교생 선생님에게 무척 중요한 날일 거야."

"오!"

장난꾸러기 여자아이들이 교생 선생님을 슬쩍 보며 놀리는 듯한 소리를 낸다.

"오늘 너희 역할이 그만큼 중요해. 수업은 혼자 하는 게 아니잖아, 알지?"

"네!"

"선생님도 가능하면 보러 가고 싶지만……."

"오세요!"

"마침 그 시간에 다른 반 수업이 있어서 말이야."

"선생님도 다른 선생님께 부탁하고 오시면 되잖아요."

아이들의 천진난만한 말에 나는 "한번 알아볼게."라는 말로 넘기고 수업을 시작했다.

"자, TV 보자." 늘 그랬듯 리모컨 버튼을 자연스럽게 눌렀는데, TV가 말을 듣지 않는다. "어? 어? 이상하네?" 평소에는 잘 켜지던 TV가 반응이 없다. 교생 선생님과 눈이 마주쳤다. 그도 적잖이 당황한 표정이다.

나는 얼른 아이들에게 학습지를 나눠 주고, 담임 선생님을 호출했다. 1반 부장님은 토끼 눈이 되어 교실로 뛰어 들어왔다. TV를 만지작거리며 나는 어설프게 수업을 이어갔다. 매끄럽지는 않았지만 모든 책임을 TV 탓으로 돌리며 간신히 마무리했다.

곧 교장, 교감, 행정실장, 과학실무사님까지 우르르 교실로 몰려왔다. 6교시에 국회의원들이 잔뜩 올 텐데 교실 TV가 고장이라니! 등줄기에 땀이 주르르 흐르는데 거의 나이아가라 폭포 수준이었다.

"교실을 옮길까요? 아니면 TV를 교체할까요?" 긴 회의 끝에 결국 2반에 있는 TV를 떼어 1반으로 옮기기로 했다. 곧 건장한 인력들이 투입되었다. 그들은 땀을 뻘뻘 흘리며 금세 TV를 옮겨 설치했다. 작업을 마치고 돌아가는 몇몇 사내의 뒷모습에서 이번에는 이과수 폭포가 보이는 듯했다.

그 사이 교생 선생님의 수업은 이미 끝나 있었다. 짐작컨대, 그

교생 선생님들과 마지막 인사 모습

는 철저한 맨손 수업(?)을 해야 했고, 본인의 예상보다 더 많은 참관인에게 수업을 공개했을 것이다. 준비한 PPT는 열어보지도 못한 채 교실 앞문과 뒷문으로 관리자와 작업자들이 오가는 모습을 지켜봤을 테니 그때마다 그의 동공은 치열하게 흔들렸으리라.

아, 생각만 해도 아찔하다. 아마 그의 등에 빅토리아 폭포가 박제되지 않았을까 싶다.

내 수업 때문에 과정을 자세히 보진 못했지만 방금 세계 3대 폭포가 학교에 잠시 왔다 간 것 같은 느낌은 분명히 들었다. (학교가 북적이는 통에 나도 수업 중간중간 교실과 복도를 오가며 분위기를 파악했다.)

★ 다문화학교만의 프로그램

다문화학교에는 특별한 프로그램이 많이 있습니다. 다문화 특별학급, 방과후 다문화강좌는 기본이고, 교육실습생에게도 다문화를 깊이 이해할 수 있는 프로그램을 제공합니다. 교원 대상의 중국어, 러시아어 연수는 현재 다문화학교에 근무하고 있는 교사를 1순위로 선발합니다. 저도 다문화학교에 처음 왔을 때, 러시아어 연수를 신청해서 들었습니다. 러시아어는 어려웠지만, 러시아 문화를 체험할 수 있어서 유익했습니다. 다문화학교에 발령받으셨다면 다문화 관련 온라인, 오프라인 연수에 적극적으로 참여하실 것을 권합니다.

2000 수업실습 학부생·현장교사 역량강화 학습공동체(다문화특구투어) 운영 계획

1. 행 사 명: 다문화 밀집 지역탐방:다문화특구 투어를 통한 현장체험실습세미나
2. 행사일시: 2000.10.15.(화) 14:30~17:00
3. 행사장소: 다문화특구 일대 (00시 세계문화체험관)
4. 대 상 자: 교육실습생 20명, 지도교사 20명, 총 40명
5. 주요내용
   가. 105개국의 다양한 이주민과 세계문화를 체험할 수 있는 00동 세계문화 체험을 통한 외국인 이주민의 삶과 문화 이해
   나. 다문화 밀집 지역 탐방을 통한 공존과 상생의 교육환경 조성 마인드 갖기
6. 주요일정(2쪽 참고)

시간	장소	내용	비고
14:30~	이동	버스 또는 자차로 이동	버스(20-1 번) 도보포함 26분 소요 자차 7분 내외 소요
15:00	외국인주민지원본부 중 대회의실 (00시 단원구 부투로 4번지)		
15:00~15:30	외국인주민지원본부	집합교육	
15:30~16:10	세계문화체험관, 이슬람사원일대, 원곡공원	2개 조으로 나누어 다문화특구 탐방	2쪽 세부프로그램 내용 참고
16:10~	다문화음식거리	세계음식문화 체험 소감나누기(공존과 상생 모색을 위한 간담회)	1조(1·4모둠) 2조(2·3모둠)

점심 시간, 단정했던 부장님의 복장은 국회의원들을 만나기도 전에 완전히 망가져(?) 있었다. 벨트 밖으로 삐져나온 와이셔츠 자락과 피로감이 느껴지는 느슨한 넥타이가 그 모든 상황을 말해주었다.

"부장님 괜찮아요? 벌써 피곤해 보이는데요?"

"네, 그래도 TV가 작동해서 다행이에요."

해맑게 웃는 그를 보며 모두 안도했다. 누군가는 조금 느슨해진 그의 복장을 보더니 교복 입은 아이돌 그룹 같다고 했다.

나는 그 누구보다도 교생 선생님이 궁금했다. 교생 휴게실 밖을 기웃거리며 창을 통해 그의 표정을 살폈다. (아직 대화를 주고받을 만큼 친해지진 않음.) 멀리서도 알아볼 수 있는 노란 넥타이가 반듯하게 그의 목에 걸려 있었다. 안도했다. 극악의 난이도로 첫 공개수업을 치러낸 그에게 큰 박수를 보내고 싶었다. 노트북에 집중하고 있는 그 사나이에게 몰래 엄지척을 날려주었다. 노란 넥타이가 나를 보며 씨익 웃었다.

축사의 정석

"큰일 났어요."

2반 선생님께서 한 손을 이마에 짚은 채 연구실로 들어오셨다.

"왜요, 선생님? 무슨 일 있으세요?"

"아니, 제자가 결혼을 한대요."

"그것은 축하할 일 아닌가요?"

"축하할 일이긴 한데……."

"무슨 문제라도 있으세요?"

"글쎄, 나한테 축사를 부탁하더라고요."

우리는 모두 박수를 쳤다. "와, 이제 선생님도 나이가 들었다는 증거네요."

2반 선생님은 살짝 부끄러운 듯, 손으로 얼굴을 가리셨다. "좋은 일이긴 한데 부담이 좀 되긴 해요."

"그렇겠죠. 또 축사 때문에 결혼식 분위기를 망칠까 봐 걱정도 되잖아요."

"맞아요, 저 때문에 결혼식이 잘못되면 어쩌나 싶어서 벌써 고민이에요."

"공감되네요. 그래도 선생님이라면 잘하실 거예요."

"아, 오늘부터 축사 써야 해요."

그는 다정한 목소리, 따뜻한 시선 그리고 문학적 소양까지 갖춘 분이다. 선생님이 한숨을 푹푹 내쉬는 모습이 마치 온 세상 걱정을 혼자 짊어진 듯해 보였지만 솔직히 나는 전혀 걱정되지 않았다.

몇 달이 지난 어느 월요일이었다.

"선생님, 주말 잘 보내셨어요?"

"아, 저 주말에 너무 힘들었어요."

"왜요? 무슨 일 있었는데요?"

"저 축사하고 왔거든요."

몇 달 전 말씀하신 그 결혼식이었다. 워낙 믿음직한 분이라 잘하셨겠지 싶었다. 그래도 예의상 결과를 물었다.

"잘하셨죠?"

"기억이 잘 안 나요. 별 탈 없었으니 잘한 거겠죠? 그런데 같은 시간대에 친척 결혼식도 있어서 정말 정신이 하나도 없었어요. 서울이라 차가 막히는 바람에 겨우 가족사진 찍을 때 맞춰 들어갔어요."

축사만 해도 큰일인데 서울을 가로질러 다른 결혼식까지 다녀오셨다니 듣기만 해도 등에 땀이 흘렀다. "선생님, 완전 연예인 스케줄이네요!"

"의도치 않았지만 그렇게 됐어요. 그래도 축사도 잘했고 가족사진도 무사히 찍어서 만족해요."

문득 '나도 언젠가 축사를 부탁받으면 어떻게 쓸까?' 하는 생각이 들었다. 첫 문장부터 전혀 떠오르지 않았다. 선생님이 쓰신 축사가 궁금해졌다. "선생님, 혹시 제가 축사 좀 볼 수 있을까요?"

2반 선생님은 흔쾌히 허락해 주셨고, 나는 읽는 내내 고개를 끄덕이며 감탄했다. "선생님, 이걸 어떻게 이렇게 잘 쓰셨어요?"

"선생님은 작가시니까 훨씬 잘 쓰실걸요."

글과 관련된 일이 생기면, 선생님들은 어김없이 내 '작가' 타이틀을 꺼내 든다. 그런 순간마다 나는 쥐구멍이라도 찾아서 들어가고 싶어진다. "선생님, 혹시 이 귀한 축사를 제 글에 담아도 될까요? 왠지 많은 선생님께 도움이 될 것 같아서요."

사실은 거짓말이었다. 솔직히 말하자면 나에게 직접적인 도움이 될 것 같아서였다. 누군가 축사를 부탁할 때 참고할 레퍼런스가 필요했다. 축사 앞에서 벌벌 떨며 한마디도 못 꺼내는 작가가 될 순 없으니까. 급히 구한 '비밀 병기'였다.

조만간 나에게도 축사를 부탁하는 일이 생기길 바라며, 2반 선생님의 따뜻한 축사를 소개해 본다. (2반 선생님 감사합니다, 제(가 미래에 하게 될) 축사에 은인이십니다.)

축 사

안녕하세요. 저는 ○○이 5학년 때 담임 선생님입니다.

처음 ○○이에게 청첩장과 축사 부탁을 받았던 때가 퇴근길이었는데 제가 어떻게 집에 왔는지 모릅니다. 너무 기쁘고 행복해서요. 제자의 삶 가운데 가장 기쁘고 소중한 자리인 결혼식에 선생님을 초대하여 함께 나누고픈 귀한 마음이 너무 고맙고 기뻤습니다.

5학년 때 ○○이의 모습 궁금하시죠?

○○이는 책을 좋아하고 글쓰기와 그림에 소질이 있어 상도 타고 친구들과 잘 어울리는, 어떤 선생님이라도 예뻐할 아이였어요.

우리 △△군의 초등학교 시절을 들어보니 학급 반장에 전교회장에 리더십이 있고 친구들에게 인기 많은 학생이었더라구요. 서로 다른 곳에서 태어나 다른 모습과 성격으로 살다 같은 직장에서 처음 만났고 결혼을 약속하여 제게 인사를 한다고 찾아왔는데 둘의 모습에 제가 여러 가지로 감동을 받았습니다.

첫째는 서로 존중하는 모습이었습니다. 결혼 이후의 삶은 끊임없는 상대의 삶의 방식을 인정하고 자신을 적절히 조절해 나가는 것이 중요한데 둘은 벌써 서로의 다름을 인정하고 존중하는 모습이 보기 좋았습니다.

둘째는 다른 사람을 생각하고 배려하는 따뜻한 모습이었습니다. 제게 축사를 부탁하는 과정과 사전 만남도 예의와 배려가 있었고 예식과 관련한 모든 것들이 둘만을 빛내고 자축하는 것이 아니라 오시는 손님들을 최대한 배려하는 것 속에 여러 사람과 함께 즐거움을 나누는 것이었습니다.
셋째는 미래를 위해 재정을 벌써 규모 있고 지혜롭게 서로 협의하며 꼼꼼하게 관리하는 모습이었습니다.

두 사람을 만나 대화하면서 삶의 지혜로움과 예의, 따뜻함, 그리고 존중과 공경, 밝고 긍정적인 모습들이 양가 부모님들의 모습을 신랑 신부가 보고 배웠다는 것을 알게 되었습니다.
△△군! ○○아! 지금 참 잘하고 있어! 그렇게 계속 가면 돼!
○○아! △△군! 앞으로도 그렇게 서로의 다름을 인정하고 존중하며 양가 부모님들을 공경하고 주위 사람들과도 함께 하며 행복한 결혼생활 하길 바래요.
신랑 신부를 사랑하며 축하하기 위해 여기 모인 모든 분들을 대표하여 결혼을 진심 축하합니다. 감사합니다!

2024. 11. 23.

교사 인생에 특별한 선생님으로 만들어준
고마운 ○○이와 △△군의 행복한 결혼생활을 옆에서 응원할
이영선 선생님 드림

위대한 장군들

'러·우 전쟁'이 끝날 줄 모른다. 각종 물가 문제 때문에 가끔 실감이 나긴 하지만 사실 매일 느끼는 또 다른 전쟁이 있다. 바로 '대러(對 러시아), 대중(對 중국) 전쟁'이다. 여기서 '대러 전쟁'은 대한민국 교사와 러시아 출신 학생들 간의 전쟁을, '대중 전쟁'은 대한민국 교사와 중국 출신 학생들 간의 전쟁을 의미한다.

올해 유난히 러시아와 중국 출신 학생이 몰려 있는 반이 있다. 학급 배정 시 외국 학생 비율을 충분히 고려했을 텐데도 이상하게 유난히 더 러시아 느낌이나 중국 느낌이 물씬 나는 학급이 있다. 그런데 찬찬히 살펴보니, 그 이유는 '시너지를 낼 만한 핵심 멤버'가 존재하기 때문이었다.

핵심 멤버를 중심으로 각 나라 언어가 꽃피우기 시작했다. 쉬는 시간에 자기들끼리 모이는 건 이해할 수 있지만 수업 중에도 모국어로 눈빛을 교환하며 낄낄대니 곤란하기 그지없다. 이때 교사는 마치 일제강점기의 서슬 퍼런 순사처럼 다른 언어 사용을 금지한다. 이중언어를 존중하는 가치도 중요하지만 원활한 수업 진행이 더 우선이기에 이럴 땐 단호한 결정이 필요하다.

"아이다르! 그만!"

분명 허용하지 않는 시간에 러시아어를 쓰면 왜 안 되는지 미리 이야기했다. 그래서 이 순간만큼은 친절할 틈이 없다. 더 큰 문제는 쉬는 시간이다. 아이들이 쉬는 시간에 무슨 얘기를 하는지 전부 알 필요는 없지만 그 뒤에 묘하게 달라지는 눈빛을 볼 때면 교사도 궁금해지기 마련이다. 물론 전혀 궁금하지 않은 교사도 있고 번역 등을 동원해서 알아내는 교사도 있으며, 사고가 터지면 학생들이 뭉치지 못하게 조처하는 교사도 있다.

올해는 특히 3반과 6반에 '세력들'이 강력하다. 유난히 사건, 사고가 많은 반이라 어느 순간 우리는 해당 반의 담임교사들을 '장군'이라고 부르게 되었다. 두 장군의 교실을 살펴보자.

6반 장군과 러시아 세력

6반 담임(이하 '6반 장군')은 러시아 학생 핵심 멤버가 있는 반을 맡고 있다. 수시로 교실 앞으로 모여드는 러시아 학생들을 하나하나 해산시키며 복도를 독도수비대처럼 오가며 분위기를 살핀다. 욕설하거나 신체접촉처럼 선을 넘는 행동이 보이면 바로 학생 번역가를 고용(?)해 러시아 세력을 응징한다. 6반 장군은 수업 시간에는 전혀 참여하지 않다가 쉬는 시간에만 살아나는 그 세력을 무척 싫어했다. 또, 한국어를 좀처럼 배우려고 하지 않는 아이들에게 처음에는 무섭게 학습을 강요했는데 효과가 없었다고 한다. 요즘에는 매일 학생들이 즐겁게 참여할 수 있는 언어 퀴즈를 구안해서 러시아 세력들이 자연스럽게 수업 내용에 흡수될 수 있도록 노력 중이다.

3반 장군과 중국 세력

한편 3반 담임(이하 '3반 장군')은 중국 학생 핵심 멤버가 있는 반을 맡았다. 이 학교에 흩어져 있던 중국 학생들은 때마다 뭉치는데, 이들의 특징은 '관심 많은 학부모'가 늘 따라다닌다는 점이다. 그 학부모들 사이에는 은근한 서열이 있는 듯 보였고, 한국에 빨리 정착했거나 나이가 더 많은 사람이 리더 역할을 맡는 경우가 많았다. 문제는 이 리더 학부모의 자녀 역시 반 안에서 리더를 하고 싶어 한다는 점이다. 또, 그들끼리 일어난 갈등을 처음부터 담임 교사와 상의하는 것이 아니라 부모가 직접 해결하려다 안 되면 그제야 학교로 가져온다는 사실이다.

어느 날 아침부터 다짜고짜 학부모님이 학교로 찾아왔다. 이야기를 들어보니, 서로 오랜 시간을 함께하면서 쌓인 사건이 복잡하게 얽혀 있었다. 학폭 문제처럼 한순간에 일어난 일만으로도 옳고 그름을 가리기 힘든데, 몇 년에서 몇십 년에 걸친 감정과 사연이 뒤섞인 사건을 떠맡게 되니 3반 장군은 분통을 터뜨렸다. 결국 조사는 3시간이 지나서야 마무리되었다. 그러나 체력이 좋은 3반 장군은 사건을 명쾌하게 정리해서 학부모에게 설명했다. 'A, B, C 학

장군들을 위한 간식

생에게 물어보니 X, Y, Z 사건이 있었고, 그 사건마다 이렇게 대응했으면 좋았겠다'라고 정리했다. 또, 앞으로의 지도 방향까지 친절하게 알려주었다. 그 모든 과정을 옆에서 자세히 지켜본 나는 3반 장군이 마치 '오은영 박사님'처럼 느껴졌다. 하지만 돌아온 답은 한마디뿐이었다. "선생님, 틀렸어요!"

학부모는 자신이 알고 있는 사실과 다르다며, 선생님의 결론이 틀렸다고 지적했다. 억눌러 있던 3반 장군의 마음이 폭발했다. 마음이 완전히 돌아서버린 채 교실로 돌아가는 그의 뒷모습이 참 쓸쓸해 보였다.

순사, 장군. 겉보기엔 강력한 힘을 가진 캐릭터로 표현했지만, 실제로 그들은 상처받은 영혼들이다. 그들이 들고 있던 칼과 총은 허상에 불과했고, 결국 무뎌진 싸움의 도구는 더 이상 아무 의미가 없어졌다. 나는 그런 그들에게 파프리카를 쥐여준다.

"자, 드세요. 씹고 또 씹어서 건강해집시다."

파프리카를 잘근잘근 씹으면서 새로운 에너지를 생성하려고 노력하는 그들이 참 멋지고 기특하다. 우리 모두에게 필요한 건, 싸움의 무기가 아니라 더 건강해질 수 있는 파프리카 한 조각인지도 모른다. (파프리카 한 박스 주문이요!)

다 방법이 있지

우리는 매일 꿈을 무시당하며 살아간다. 나 역시 그런 경험이 많다. 그런데 살다 보니 그 무시 때문에 포기한 꿈이 너무 많았음을 깨달았다.

주변의 온갖 무시를 이겨(?)내고 작가가 된 뒤로는 오히려 그렇게 무시하는 사람들은 무시하면 된다고 말하고 다닌다.

꿈을 이루는 가장 좋은 방법은 바로 내 마음속 열망을 끌어내는 것이다. 그래서 기회가 될 때마다 '다 방법이 있지'라는 제목의 그림책을 만들어 본다. 그 과정을 간단히 살펴보자.

A4 용지를 반으로 나누어 왼쪽에는 이렇게 적는다.

"내 꿈은 (   )
그런데 사람들이 무시해."

그리고 오른쪽에는 이렇게 적는다.

"다 방법이 있지!

(   ) 하면 되지!"

이 활동은 내가 진행하는 수업이나 강의에서 반드시 계획한다. 사람들에게 꿈을 무시당한 경험을 떠올려보게 한 뒤 그래도 그 꿈을 이루고 싶은지 묻는다. 대부분 그래도 하고 싶다고 답한다. 그러면 그 꿈을 실현할 방법은 분명히 있다고 말해준다. 내 생각에 동의한다면 오늘부터 매일 조금씩 꾸준히 할 수 있는 작은 행동을 적어보라고 한다.

이렇게 활동하다 보면 사람들이 자신의 꿈에 대하여 진지하게 접근하기 시작한다. 그런데 얼마 지나지 않아 진행자(나)는 예상치 못한 난관을 몇 가지 만나게 된다. 지금부터 그 이야기를 나누어보려 한다.

1. 이거 왜 해야 해요?

이렇게 근본적인 질문을 하는 분들이 있다. 처음엔 잘 이해가 안 됐지만, 곰곰이 생각해 보니 나처럼 꿈에 진심인 사람도 있을 수 있겠다는 결론에 이르렀다. 꿈에 진심이어야 한다고 강요했던 과거의 내가 좀 머쓱하기도 하다. 그래도 나는 여전히 인간은 꿈을 먹고 사는 존재라고 믿는다. 매일 꿈을 먹고 살기 시작하면서부터 나의 삶이 더 풍요로워졌기 때문이다. 사람마다 꿈에 대한 열망의 크기나 그것을 간절히 원하는 시기가 다를 뿐이라고 생각한다.

누구나 언젠가는 반드시 꿈에 풍덩 빠지고 싶어 하는 순간이 온다. 나는 꿈의 수영장에 들어갈까 말까 망설이는 이들을 뒤에서 확 밀어 넣는다. 꿈의 수영장에 빠진 이들은 나를 째려보지만, 나는 그냥 웃는다. "자, 다 방법이 있다고 믿고 꿈을 써보세요. 힘 빼시고요." 힘과 공포에 사로잡혀 있던 이들은 '방향'과 '작은 실천'이라는 튜브를 받아 든다. 그리고 힘을 뺀 사람들이 하나둘 꿈의 수영장 위로 둥둥 떠오른다.

2. 사람들이 저를 무시한 적이 없는데요?

평생 무시당해 본 적이 없다는 사람도 가끔 있다. 겉으로는 부럽지만, 한편으론 그렇지 않다.

평생 온전한 사랑만 받았을 수도 있지만 어쩌면 한 번도 제대로 도전하지 못한 '쫄보(?)'일 수도 있기 때문이다. 어찌 됐든 대부분은 살면서 한 번쯤은 무시당한다. 그런데도 '나는 죽어도 그런 적이 없다!'고 주장하면 나는 비장의 질문을 꺼낸다. "혹시 스스로 꿈을 무시한 적은 없나요?"

이 지점에서 대부분 무너진다. 매일 자신의 꿈을 온전히 믿고 승승장구하기란 쉽지 않기 때문이다. 사람들은 입을 꾹 다물고 이내 무시당했던 경험이나 자신이 스스로 꿈을 무시했던 순간을 적어 내려간다.

하지만 가끔 정말 강력한 '적'이 등장한다. 타인에게도 자기 자신에게도 한 번도 무시당해 본 적이 없다고 주장하는 경우다. 무리

강의 때마다 만드는 '다 방법이 있지' 책

수처럼 들리지만 실제로 그런 학생을 딱 한 번 만났다.

그때 나는 이렇게 대응했다. "자, 이제부터 내가 너를 무시해 줄게. 준비됐니?" 내 말이 떨어지기 무섭게 그 학생은 왠지 무시당해 본 적이 있는 것 같다며 종이 위로 줄행랑을 쳤다. '무시'가 얼마나 흔한 일인지 그 친구는 아슬아슬하게 깨달을 뻔했다.

3. 이거 꼭 지켜야 하나요?

꿈에 가까워지기 위해 설정한 매일의 루틴은 정말 중요하다. 매일의 루틴을 설정하는 것은 매우 좋은 일이지만 그것보다 더 중요한 것은 그 루틴이 나의 꿈과 어떻게 연결되는지 치열하게 고민해야 한다는 점이다. 아무렇게나 적어서는 소용이 없다. 그리고 반드시 아주 작게 세워야 한다. 너무 거창한 계획은 며칠 만에 흐지부지되기 십상이다. 매일 조금씩, 꾸준히 실천할 수 있는 걸 찾아야 한다.

사람들은 타인과의 약속은 비교적 잘 지키지만, 자기 자신과의 약속은 쉽게 어긴다. 나 역시 그랬다. 그래서 나 자신과의 약속을 지키는 것을 삶의 원칙으로 삼고, 이를 지키려고 애썼다. 시간이 흐르면서 깨달은 사실이 있다. 그렇게 살다 보니, 내가 점점 좋아지는 게 보이기 시작했다는 것이다.

자기 파괴나 자기혐오의 시간이 줄어들고, 대신 '자기 돌봄'이 마음속에 차오르기 시작했다. 그러자 나를 더 돌보고 싶어졌고, 그런 여유와 행복을 품으니 하루하루가 훨씬 살 만해졌다.

나는 오늘도 이 A4 종이를 각 교실과 강연장에 나누어 준다. 단 한 사람이라도 이 종이를 받아, 인생을 바꿀 작은 생각과 실천을 이어 가게 된다면 나는 그것만으로도 만족한다.

이것이 내가 살아가는 방법이다. 다, 살아가는 방법이 있지!

팝송을 불러봐

"애들아, 우리 팝송 한 곡 정도는 멋지게 부를 수 있는 사람이 되어보자!"

"……."

아이들은 아무 반응이 없다.

"K-팝 영어 가사를 이해하고 부를 수 있으면 어떨까?"

"좋아요!"

K-팝에 반응하는 아이들을 보니 가수들에게 새삼 감사하다. 나는 아이들이 동의한 그 틈을 놓치고 싶지 않았다. 'My favorite song'을 소개하는 수업을 안내하며 가사를 번역해 함께 소개해 보자고 제안했다.

"선생님, 일부만 해석해도 되나요?"

"응, 물론이지."

"그럼 한 줄도 돼요?"

"음, 너무 어렵다면 그러렴."

"한 단어도 돼요?"

"네 생각은 어때?"

나의 말투는 다정했지만, 눈빛은 싸늘했다. 다행히 눈치 빠른 학생이 스스로 답을 찾아갔다.

"그건 좀 아닌 것 같아요."

"네 생각대로 해봐. 할 수 있는 만큼."

'뭐든 괜찮다'라고 하면 울타리 밖으로 훌쩍 넘어가려는 아이들이 꼭 있다. 이럴 땐 차가운 비언어적 피드백을 슬쩍 던진다. 피드백을 받고 다시 울타리 안으로 들어오는 아이들이 고맙고 기특하다. (물론 피드백을 '럭비공'처럼 저 멀리 던져버리는 저승사자 같은 학생도 있지만.)

"선생님이 좋아하는 팝송은 〈Lemon Tree〉야. 너희들이 가사를 궁금해할 것 같아서 학습지를 준비했어." 나는 영어 가사, 한국어 번역 가사, 그리고 한글로 영어 발음을 적어 놓은 가사까지 제공했다. "아이 원더 하우, 원더 와이. 예스터데이 톨미 바웃 블블 스카이……."

영어 스펠링을 읽지 않아도 되니, 아이들 입꼬리가 올라갔다. "선생님, 역시 최고의 선생님이에요!" 아이들은 마치 '당장 떠먹을 수 있는 푸딩' 같은 영어 수업에 만족해했다. 달콤함을 가득 머금고 〈Lemon Tree〉를 '십팔번'인 양 흥얼거리는 아이들을 보니 고맙기도 하지만 한편으론 속이 쓰렸다. "달콤함만 찾다가는 이 썩는다, 이 녀석들!"

곰돌이 푸우처럼 꿀단지를 붙들고 게걸스레 꿀(?)을 퍼먹는 아이들에게 한 마디 던졌다. "이제 너희들 차례야. 영어 노래를 하나 골라서 가사 번역해 봐!"

가능하면 번역기를 쓰지 않고 먼저 자신이 생각하는 뜻을 유추해 보게 한다. 정말 모르겠으면 그때 번역기를 활용하도록 한다. '내 예상과 번역기가 준 답이 일치하는지 확인'하는 과정을 통해 아이들의 언어 감각이 조금이라도 살아나길 기대해 본다.

"선생님! 저는 이 노래." 한국어가 서툰 샤샤가 자랑스럽게 말했다. 평소 수업 시간엔 늘 조용하던 샤샤가 이렇게 적극적인 모습을 보여주니 반가웠다. 다가가 보니, DAY6의 〈HAPPY〉를 발표 자료로 선택했다.

"이 노래에 영어가 있어? 설마 HAPPY 한 단어만 보고 고른 건 아니지?"

"아니, 영어 있어요. 선생님도 들어봐."

샤샤는 크롬북에 꽂은 이어폰 한쪽을 수줍게 내밀었다.

그런 날이 있을까요?
마냥 좋은 그런 날이요
내일 걱정 하나 없이
웃게 되는 그런 날이요
뭔가 하나씩은

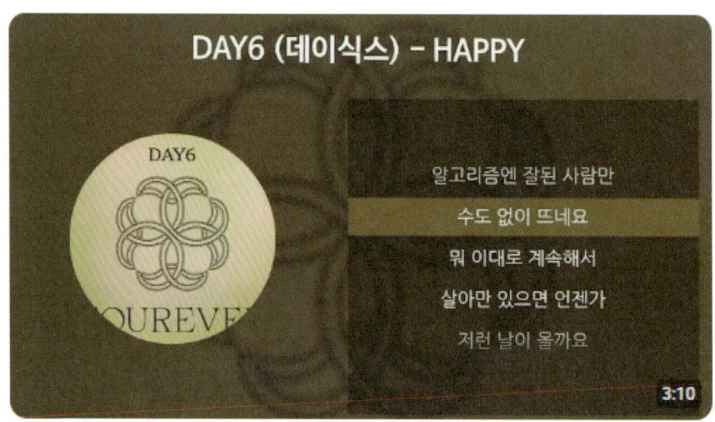

데이식스 노래가 나오는 유튜브화면

걸리는 게 생기죠

과연 행복할 수 있을까요

그런 날이 있을까요?

꿈을 찾게 되는 날이요

너무 기뻐 하늘 보고

소리를 지르는 날이요

뭐 이대로 계속해서

버티고 있으면 언젠가

그런 날이 올까요

May I be happy?

매일 웃고 싶어요

걱정 없고 싶어요

아무나 좀 답을 알려주세요

리듬이 점점 빨라지더니 드디어 영어 문장이 나왔다.

"선생님, May I be happy! 이거 영어, 영어!" 샤샤는 반가운 듯 가사를 가리켰다. 나는 조용히 고개만 끄덕였다.

"선생님, 지금 눈물?"

"노노. 영어 문장 진짜 있었네. 잘했어."

나는 샤샤의 눈빛을 마주하기가 어려워서 얼른 교실 뒤쪽으로 자리를 옮겼다. '샤샤는 이 노래의 어떤 부분에 마음이 끌렸을까?' 외국인으로 살아가는 샤샤의 외로움이 고스란히 묻어나는 곡처럼 느껴졌다. 이유를 묻고 싶었지만 그러다가는 참았던 눈물이 왈칵 쏟아질 것 같아 조용히 마음속에 접어 두었다.

교실을 떠나며, 마음속으로 샤샤에게 살짝 속삭였다. '샤샤, Yes, you may happy.'

소설 쓰는 체육 교사

우리 학교는 다문화 학생 비율이 60퍼센트로 꽤 높다. 공단과 맞닿은 지역이라 다른 학교와는 사뭇 다른 점이 많다. 다른 학교들은 여교사가 많지만, 우리 학교는 남교사 비율이 더 높다. 다른 학교에는 부장 교사를 자원하는 사람이 별로 없는 편이지만, 우리 학교는 부장 정원보다 희망자가 더 많을 때도 있다. 또, 다른 학교에는 전담 교사를 희망하는 이들이 많은 편이지만, 우리 학교에는 전담 교사를 맡겠다는 사람이 거의 없다. 우리 학년 담임들은 남교사가 여교사보다 많고, 체육 전담 교사은 여교사다. 체육 전담 교사를 꼭 남성이 해야 한다는 법이 있는 것은 아니지만, 체육 전담을 여교사가 하는 경우는 아주 드문 편이다. 오늘은 그 체육 전담 교사 이야기를 해보려고 한다.

올해 우리 학교로 전입한 그녀, 자체 규정에 따라 담임을 맡지 못하고 비자발적으로 체육 전담을 맡게 되었다. 힘든 자리인데도 그는 늘 최선을 다했다. 1년 내내 '괜찮아요?' 하는 걱정스러운 눈길을 받으면서도 그는 밝은 인사로 화답했다. 언제 봐도 지치지 않는 모습이었다.

　5월 초, 내가 병가를 마치고 복귀했을 때 이미 그는 완벽히 학교생활에 적응해 있었다. 활기차고 당당한 모습이 참 멋지다고 생각했다. 좁은 연구실에서 함께 지내다 보니 이런저런 이야기를 자주 나누게 됐는데 어느새 그의 매력에 푹 빠지게 되었다. 그는 나와 비슷한 성향을 지녔고 내가 상상하던 20대의 모습 그대로 살고 있었다. 자유롭고 당당한 모습에 살짝 질투가 나기도 법도 했지만 나는 그저 그의 삶을 구경하며 응원하느라 바빴다. 마치 시골 할머니가 도시에서 온 손자 이야기를 들으며 고개를 끄덕이듯 나는 그가 하는 말 한마디 한마디에 박수를 쳤다.

　그는 문학에 관심이 많아서 내가 서점에서 제목만 봤던 유명 작품들을 매일같이 옆구리에 끼고 다녔다. 본업에 충실하면서 운동도 하고, 놀기도 하며, 심지어 독서광이라니……. '세상에 이렇게 완벽한 사람이 있을까?' 하는 생각이 들 정도였다. 스스로 문학적 소양이 부족하다고 느끼던 내게, 그는 한 줄기 빛 같은 존재였다.

　"그 책 어때요?"라고 한 번만 물어봐도 그는 다정하게 작품이 어떤 내용이고 왜 재미있는지를 설명해 주었다. 그의 '문학 큐레이션'은 달콤한 꿀처럼 내게 스며들었다. 연구실에 들어설 때면 마치 '젖과 꿀이 흐르는 땅'에 발을 디딘 기분이 들었다. 그는 기록을 즐겼다. 나는 마흔이 다 돼서야 시작했는데 그는 책을 읽고 나면 바로 글로 남겼다. 메모장이나 노션 같은 프로그램을 활용해, 여러 글에 대한 자기 생각을 꼼꼼히 기록했다. 그런 모습을 보며 '진짜 신여성을 만났구나!' 하는 희열을 느꼈다. 나는 매 순간 그에게 반했는데, 놀랍게도 그도 내게 반했다고 말했다. 그가 내 어떤 점을 보고 반했는지는 잘 모르겠다. 그러나 내가 인정하는 사람에게 인정받으니 부끄러우면서도 뿌듯했다.

그렇게 꾸준히 글을 써오던 그가 어느 날, 자신이 소설을 하나 썼다고 털어놓았다. 어떻게 갑자기 용기를 냈냐고 물어보았다.

"친구를 위로해 주려고요."

친구를 위로하기 위해 소설을 쓰다니! 나는 상상도 못 했던 일이었다. 사연을 들어보니 절친한 친구가 오랫동안 준비한 전문직 시험에서 떨어졌다. 인생을 통틀어 거의 마지막이라 생각하고 진지하게 준비한 시험이었는데 낙방한 그 친구를 위해 시를 쓰다가 짧은 소설을 만들어보고 싶었다고 했다. 내용이 몹시 궁금해진 나는, 혹시 볼 수 있냐고 물어봤다. 그는 부끄러워했지만 내가 계속 졸라대자 마침내 보여주었다.

소설은 짧았다. 하지만 한 문장 한 문장이 살아 숨 쉬었다. 마치 한강 작가님의 문장을 읽을 때처럼 장면들이 생생하게 그려졌다. 이야기는 한 항해사가 우연히 금화로 가득 찬 배를 몰게 되면서 별을 따라 항해하는 내용을 담고 있었다. 처음에는 목적지가 없었지만 결국 하늘에 물병처럼 반짝이는 별 무리를 발견하고 황홀경에 빠진다. 항해사는 비록 정해진 목적지가 없어도 그 과정만으로 행복했다는 깨달음과 함께 여행을 마무리한다.

그동안 고생한 친구에게 '결과와 상관없이 그 과정이 이미 충분히 의미 있다'라는 말을 전하고 싶었나 보다. 두 사람의 우정이 정말 아름답게 느껴져서 나도 모르게 눈물이 흘렀다.

"이 소설, 선물 받은 친구는 반응이 어땠어요?" 나는 눈물을 닦으며 물었다.

"걔가 T라서요……." 체육 선생님은 말끝을 흐리며 내 눈치를 살폈다. "설마 울지는 않았어도, 조금이라도 눈물 맺혔겠죠?"라고 물었더니, 선생님은 고개를 저으며 손으로 엑스(X) 자 표시를 그렸다. 최선을 다했지만 어쩔 수 없이 환자를 떠나보내야만 하는 순간을 맞은 응급실 의사처럼 그는 내 시선을 피했다.

"하, 역시 T들은……." 극 F인 나는 약간 과장된 어조로 흥분해 보였다. 그는 웃으면서 말했다. "그래도 선생님이 울어주셔서 만족해요!"

창작자인 그가 만족했다니 내 마음도 놓였다. 창작의 용기가 얼마나 어려운지 잘 알기에 나는 그가 더 마음껏 창작의 불씨를 살려 나갈 수 있게 도와주고 싶었다. 그래서 더 흥분했던 것 같다.

집으로 돌아오는 길에, 그가 쓴 소설이 다시 떠올랐다. 왠지 또 읽고 싶어졌다. (왠지 그는 나와는 차원이 다른 작가가 될 것만 같은 이 느낌!)

첫눈 약속

2반 교실에 들어갔더니, 손으로 만든 핸드메이드 달력이 칠판에 붙어 있었다.

"애들아, 이거 뭐야?"

"아, 그거 첫눈 오는 날 맞추는 달력이에요."

자세히 보니 날짜 칸에 학생 이름이 적혀 있고, 그 뒤에 괄호 안에 각자의 소원이 쓰여 있었다.

"아, 그럼 그 날짜에 진짜 눈이 오면 어떻게 되는 거야?"

"그 날짜를 맞춘 애의 소원을 들어주는 거예요."

"어디 보자… 지훈이의 소원은 '과자 파티'네?"

아이들의 소원은 과자 파티, 영화 보기, 운동장에서 놀기 등 다양했다.

"선생님, 근데 28일에 눈 온대요."

"28일? 어, 비어 있네?"

"맞아요. 저 28일로 바꾸고 싶어요."

"바꾸면 되지?"

"안 돼요. 한 번 정하면 못 바꿔요."
"아, 그래? 그럼 내가 28일 해도 되겠니?"
"음… 그건 담임 선생님께 여쭤봐야 해요."
"그럼 담임 선생님이 괜찮다고 하시면 나도 끼워주는 거다?"
"네!"

지구온난화가 겨울을 벽장에 꽁꽁 숨긴 듯 수능 날에도 따뜻한 요즘이다. 정신을 바짝 차리지 않으면 오늘이 가을인지 겨울인지 어쩌면 봄이 아닌지 알 수 있는 현실 속에서 첫눈 달력은 신선하고 반가웠다.

"선생님, 근데 소원은 뭘로 하실 거예요?"
"음… 생각 안 해봤는데. 너희 담임 선생님은 뭐라고 쓰셨어?"
"우리 선생님은 친정어머니를 선생님 댁으로 모셔 오고 싶으시대요."
"우와! 선생님 어머니는 정말 좋으시겠다, 그치?"

갑자기 우리 엄마가 보고 싶어졌다. 이번 기회에 나도 효녀가 되어볼까 고민하는 찰나.

"그래서 선생님 소원이 뭐냐고요!"

아이들의 눈이 반짝인다. 담임도 아닌 내가 괜히 너무 거창한 걸 쓰면 왠지 어색할 수도 있다. 어쩌면 담임 선생님이 허락 안 해주실 가능성도 있으니 조금 가볍게 가기로 마음먹었다.

"그럼, 선생님은 하트 선물!"

"그건 지금도 해드릴 수 있는데요!"

"아니 진심 어린 하트!"

"그게 뭐예요?"

"나도 모르지. 진심 어린 하트가 뭔지 각자 연구해 봐!"

"선생님, 너무 어렵잖아요."

"뭐가 어려워. 너희들의 하트 메이드 기대할게! "

솔직히 말하자면 나도 '진심 어린 하트'가 정확히 뭔지 모르겠다. 그냥 아이들의 창의력을 보고 싶어 일단 던져본 말이다.

마침 종이 울리면서 담임 선생님께서 교실로 들어오셨다. "선생님, 저도 첫눈 이벤트에 참여해도 될까요?" 조심스러운 제안에, 2반 선생님은 흔쾌히 허락해 주셨다. 그러자 아이들은 동시에 절망의 탄식을 내뱉었다. "오마이갓! 진심 어린 하트라! 그건 너무 어려워!" '이건 꿈일 거야' 하는 표정과 함께 머리를 쥐어뜯는 아이들. "제발 28일에 비가 와라!" 28일 날씨에 저주를 퍼붓는 아이들. 까무룩 정신을 잃는 척하는 아이들이 너무 사랑스러웠다.

하지만 이런 때일수록 선생님은 더욱 시크해야 하는 법! 나는 영어책이 잔뜩 들어 있는 노란 바구니를 옆구리에 끼고, 아무 일 없다는 듯이 교실을 나왔다. '핸드메이드' 교실에 '하트메이드' 꽃이 어떻게 피어날지 벌써 기대가 된다. (오늘도 콩글리쉬 죄송합니다.)

기발한 하트

"애들아, 기발한 하트 준비했지?"

"아니요."

"선생님은 기발한 하트가 너무 궁금해! 얼른 보여줘!"

"선생님이 첫눈 오는 날 못 맞추셨으니까 어쩔 수 없어요."

"아, 그래도 좀 해주라. 그래야 선생님이 학기말까지 기운이 날 것 같아서 그래."

"……."

"해줄 거지? 해줄 거지?"

첫눈 이벤트는 실패했지만, 기발한 하트만큼은 꼭 받아내고 싶었다. 떼쓰는 아이처럼 아이들에게 떼를 썼다. 아이들은 '참 별난 선생님을 다 봤네' 하는 듯이 피식 웃음을 흘렸다.

다음 수업에 나는 돈 받으러 온 빚쟁이처럼 당당하게 하트를 요구했다. 분위기를 보니 미리 준비해 온 학생도 있고 갑자기 생각해 내려는 학생도 있었다.

1. 안 기발한 하트

몇몇 아이들은 귀찮다는 듯이 흔한 손하트를 보여줬다. 나는 그것도 어디냐며 그 하트를 손으로 감싸고 입으로 집어넣는 시늉을 했다. 지난번 음악 연수에서 배운 몸짓을 바로 써먹은 것이다. 그들이 보여준 작은 성의에 더 큰 성의로 화답하고 싶었다.

2. 손가락을 변형한 하트

기존 손가락 하트에서 약간 변주를 준 하트가 많이 나왔다. 오른손은 그대로 두고 왼손을 꺾어서 마치 퍼즐을 맞추듯 손 모양을 만들었다. 그리고 정성껏 하트를 완성했다. 어떤 아이는 검지부터 약지까지 손가락 끝을 맞닿게 해서 네 개의 하트를 만들었다.

3. 손가락을 물들인 하트

"선생님, 이것 좀 보세요!"

소리치는 학생이 있어 가 보니, 붉은 사인펜으로 손가락을 물들인 다음 하트를 만든 것이었다. 모두가 손가락 모양을 어떻게 변형할지 고민할 때, 아예 손가락 자체를 바꿔버린 셈이다. 정말 사랑스러운 핑크 하트였다.

4. 옷을 이용한 하트

한 아이가 입고 있던 잠바를 뒤집었다. 배트맨인가 싶었는데 뒤집은 잠바와 팔을 이용해 하트를 만들었다.

"우와! 신박한데!" 나의 감탄 소리에 그 학생은 더 정교한 하트를 만들고 싶어 몸을 이리저리 뒤척였다. 어떤 학생은 잠바를 두 겹으로 겹쳐서 똑같은 하트를 연출했다. 통통함이 살아나니 하트가 한층 더 사랑스러워졌다. 시커먼 잠바로 만든 하트였지만 왠지 눈처럼 새하얀 하트로 느껴졌다.

생각보다 다양한 하트에 감동했다. 아이들도 이렇게 많은 하트가 존재할 줄 몰랐다며 서로에게 감탄했다. 사실 아이들이 유치하다고 안 해주면 어쩌나 걱정했는데, 오히려 나보다 더 적극적으로 참여해서 조금 놀라기도 했다. '다른 반에서는 실패할 수도 있는 프로젝트인데, 왜 이 교실에서는 성공했을까?'

이 수업 이후 나는 고민했다. 다른 반에서는 절대 일어날 수 없는 일이라고 생각했다. 며칠간의 고민 끝에 나는 교실 뒤편 게시판에서 답을 찾았다. 게시판에는 아이들이 쓴 동시가 빼곡히 붙어 있었다. 이 아이들은 동심을 가꾸는 아이들이었다.

갑자기 2반 선생님께 고마운 마음이 들었다. 그는 마치 동심이라는 꽃밭에 매일 물을 주는 정원사 같다. 빠르고 자극적인 것들이 점점 더 쉽게 아이들에게 파고드는 세상이지만 그 안에서 희망을 잃지 않고 동심을 보존하는 인간문화재 같은 선생님들이 있다. 나는 그중 한 분의 덕을 본 셈이다.

그분만큼은 아니지만, 나 또한 나도 아이들의 동심을 사랑한다.

아이들의 동심을 보존하려는 나의 엉뚱한(?) 수업이 또 다른 누군가에게 새로운 에너지가 되기를 꿈꿔본다. (물론 가끔 동심 파괴도 합니다만!)

손가락으로 만든 기발한 하트

휴업일엔 스키

"여보, 내일은 30분 일찍 나서자."

하루 종일 내리던 눈이 밤늦게까지 함박눈이 되어 퍼부었다. 내일 아침 학교까지 가는 길이 만만치 않을 것 같았다. 한 시간은 더 일찍 나서야 할 것 같은데 남편은 출발시간을 30분만 당기자고 했다. 그의 운전 실력을 믿기에 바로 동의하고 잠자리에 들었다.

다음 날 아침, 작정하고 일찍 잠들었던 덕분에 피곤하지 않고 개운했다. 일어나자마자 창밖을 보니 굵은 눈발이 멈출 기미 없이 휘몰아치고 있었다. 서둘러 준비를 마치고 지하 주차장으로 갔다. 예상했던 대로 이중주차의 향연이었다. 육중한 차들을 이리저리 밀고 당기는 고비를 간신히 넘기고 도로에 나섰다.

"모두 조심하세요."

밤사이 모든 카톡방의 키워드는 '조심'이었다. 그런데 분주한 아침이 되자 키워드가 '휴교' 쪽으로 바뀌었다.

"○○학교는 휴교래요."

"진짜 휴교 할까요?"

의견이 분분했다. 남편이 운전에 집중해 주는 덕분에 나는 스마트폰을 봐가며 소식을 실시간으로 전할 수 있었다. 거북이처럼 느리게 움직이는 차에서 창밖을 보는데 전쟁터가 따로 없었다. 도로 위에 이상한 각도로 서 있는 차, 차에 여러 사람이 매달려 힘껏 밀어주는 모습이 내 마음을 불안하게 했다. 이 정도 자연재해면 분명 휴교나 휴업 결정이 나도 남을 텐데, 아직도 아무 연락이 없다는 게 서글펐다.

[휴업 안내]
2024년 0월 0일, 본교는 휴업을 결정하였습니다. 담임 선생님께서는 학생들에게 이 사실을 빠르게 알리기 바랍니다.

내 마음을 알아챈 듯 학교에서 안내 문자가 왔다. 다행이다 싶었는데, 문제는 그다음이었다. 교사 복무에 대한 언급이 없는 것이다.
"일단 가야겠지?"
도로 위에 굴러다니는 폭탄 같은 눈과 사투 중인 남편에게 물었다. 휴업 소식조차 듣지 못한 그는 말이 없다.

"부장님, 교사 복무는 어떻게 되나요?"
단체 카톡방에서 누군가 물었지만, 부장님은 묵묵부답이다. 아마 부장님도 여러 곳에서 오는 연락으로 정신없으실 게 뻔했다. 잠시 후, 반가운 소식이 들려왔다. 교육공무원법 41조에 따라 연수나 연가를 신청하라고 연락이 온 것이다.

"당신네 학교는 소식 없어?"

"우린 정상 운영이래."

"……."

적막이 흘렀다.

"여보, 미안하지만 나 집으로 돌아가야겠어. 여기서 내려줘."

남편은 아직 시간 여유가 좀 있다며 굳이 지하철역 근처까지 돌아가 나를 내려주었다.

지하철역 안은 연착된 열차를 기다리는 사람들로 북적였다. 편의점 안에서 따뜻한 음료를 호호 불며 마시는 사람들, 전화로 업무 지시하는 사람들이 보였다. 분주한 소리와 입김이 가득한 이곳은 마치 새벽의 동대문 시장 같았다.

지금쯤이면 남편이 학교에 도착했으려나 싶어 전화를 걸었다.

"잘 도착했어?"

"아니. 학교 후문 주차장에 진입이 안 된대. 근처 공원 주차장으로 가는 중이야."

안전을 위해 얼른 전화를 끊었다. 시간이 좀 지나 다시 전화를 걸었다.

"잘 도착했어?"

"아니. 공원 주차장에 차들이 몰려서 전혀 안 움직여. 차를 버릴까 고민 중이야."

역시 또 전화를 끊었다. 궁금함을 참지 못하고 잠시 뒤 다시 전화를 걸었다.

"잘 도착했어?"

"아니. 학교 근처 아파트에 사는 ○○○ 선생님께 연락해서 방문객 등록 부탁드렸어. 이제야 주차할 수 있을 것 같아."

"에고, 고생했네. 얼른 출근해."

진작 그렇게 했으면 좋았을 것을. 남편은 주차 때문에 한 시간을 더 헤맨 셈이었다.

1교시 쉬는 시간쯤 남편에게 카톡이 왔다.

"○○○ 선생님께 감사 의미로 기프티콘 보냈어."

"잘했네. 고생했어. 아마 오늘 당신 같은 사람 많았을 거야."

그를 위로하고자 동영상 파일을 전송했다. 대로변에서 스키를 타고 출근하는 직장인의 모습이 담긴 영상이었다. 영상 속에 등장하는 도로 위의 스키어는 거북이가 된 자동차들을 조롱하듯 토끼처럼 쌩쌩 앞으로 나아갔다. 누군가의 촬영 덕분에 그는 오늘 대한민국에서 가장 지혜로운 출근자가 되었다.

이 틈을 타 나는 남편의 구매 욕구에 불을 질렀다. "여보, 우리도 스키 사러 가자." 좀처럼 지갑을 열지 않는 그도, 오늘만큼은 살짝 흔들렸으리라.

아이들이 만든 눈사람

계엄의 아침

아침에 일어났더니 밀린 카톡이 500개. 이건 또 무슨 일인가 싶어 천천히 읽어봤더니 밤새 '계엄령'이라는 것이 내려졌다. 영화에서만 보았던 그 계엄령이 내려졌다니 꿈만 같았다. 학교 알리미 앱에서도 안내가 왔다.

> 학교의 업무와 학사일정은 평소와 같이 정상적으로 운영할 예정이오니, 학부모님 등 보호자께서는 학생 교육에 차질이 없도록 협조해 주시기 바랍니다.

문득 '아이들에게 뭐라고 설명해야 하지?' 하는 걱정이 일었다. 출근하는 내내 남편과 이야기를 나누어 보았지만, 딱히 할 말을 정리하기가 어려웠다. 정리되지 않은 생각들을 붙잡은 채 연구실로 향했다.

"안녕하세요."

"이게 무슨 일이래."

인사를 건네자마자, 밤새 있었던 일에 대한 이야기가 쏟아졌다.

나는 일단 듣기로 했다. 냉동실에서 모시송편을 꺼내 쪘고, 천혜향처럼 생긴 큼지막한 귤을 탁자 위에 올려놓았다. 그러자 역사, 정치, 경제 이야기가 폭포처럼 이어졌다. 목말라 보이는 그들을 위해 보이차도 내렸다. "차도 한 잔씩 하세요."

평소보다 빠른 속도로 차와 귤이 소진되었다. 보이차는 금세 동이 났고, 귤을 까는 소리도 다급했다. 그들을 바라보는데 가슴이 울렁였다. 모서리에 어깨 한쪽을 걸치고 서 있는데, 누군가 나를 불렀다. "유 선생님도 고생하셨는데, 얼른 앉으세요."

"안 됩니다."

갑자기 장난기가 발동했다. 순간 열두 개의 눈동자가 일제히 나를 향했다. "왜요?"

진지한 표정으로 묻는 선생님에게 웃으며 답했다. "혹시 또 계엄령이 내려지면, 저는 빨리 집에 가야 하거든요. 늘 준비된 자세로 여기에 서 있을 겁니다."

"하하하."

연구실을 짓누르던 답답한 공기가 순식간에 웃음소리로 바뀌었다.

"그래도 먹어야겠죠?" 의자에 앉으며 의욕적으로 포크를 집어 들었다. 따뜻한 차와 찐득한 모시송편을 한꺼번에 입에 넣고 씹었다 하며 의자에 앉아 의욕적으로 포크를 집어 들었다. 따뜻한 차와 찐득한 모시송편을 한꺼번에 입에 털어 넣고 씹었다.

"천천히 드세요." 급하게 먹는 것처럼 보였는지, 옆 선생님이 걱정스레 말을 건넸다.

"아, 네." 고개를 끄덕이며 천천히 씹기로 다짐했다. 씹자, 씹자. 천천히 씹자. 씹고 또 씹자. 육중하고도 뻐근한 떡 덩어리가 보이차를 윤활유 삼아 서서히 입안에서 움직이기 시작했다. 몇 번 씹지 않고 무심코 넘겨버리면 그대로 가슴에 걸릴 것만 같은 덩어리였다. 그래서 천천히, 꼭꼭 씹고 또 씹었다. 겨우 갈라진 떡 조각들이 어금니에 쩍쩍 달라붙었지만 강한 의지력으로 계속 씹었다. 그러자 그제야 모시 향이 조금씩 느껴졌다. 간간이 검은깨의 고소함도 전해졌다. 시간이 흐를수록 뻑뻑하던 모시떡이 따뜻한 냄비에 녹아내린 치즈처럼 부드러워졌다. 그리고 나니 목구멍으로 삼킬 자신이 생겼다. 꿀떡.

홀로 치열했던 '모시떡 대첩'을 마치고 보이차 한 잔을 마셨다. 숙성된 찻잎의 고소함이 입 안 가득 퍼졌다. 든든해진 몸과 마음으로 교실에 들어갔다. 담임 선생님이 TV에 띄워놓은 오늘의 안내 사항이 눈에 들어왔다.

[아침에 안내 나간 것 관련 내용]
대통령이 전시(전쟁), 사변(큰 사고) 또는 이에 준하는 국가 비상사태가 생기면 '군대'를 동원할 수 있음. (어젯밤 계엄령이 선포되었다가 새벽에 취소됨. 정상 등교가 맞음.)

말로 다 설명하기 어려운 내용을 이렇게 TV 화면으로 정리해

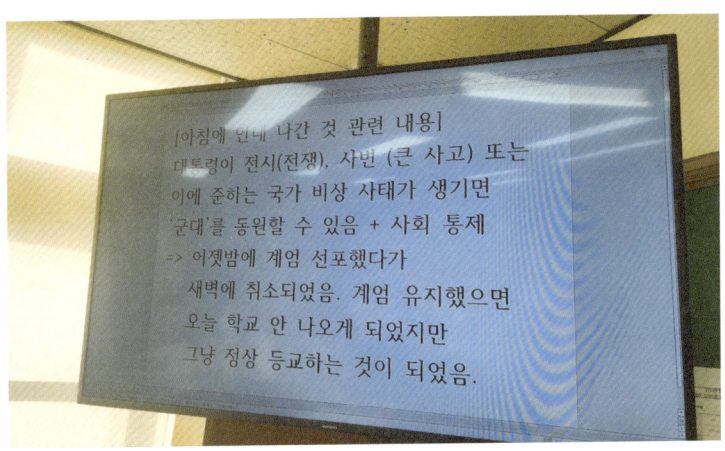
한 선생님이 알려 준 계엄의 의미

전하는 그의 현명함에 감탄이 나왔다. 계엄령보다는 휴교에 더 관심이 많은 개구쟁이들의 사소한 질문을 미연에 방지하려는 의도도 엿보였다. 더 이상 질문을 받지 않겠다는 교사로서의 결연한 의지가 한편으로는 서글펐다.

"얘들아, 이 내용은 다 아는 거니까 이제 선생님이 꺼도 되는 거지?"

"네."

메모장을 닫으려는 순간, 한 학생이 물었다.

"근데, 그거 왜 한 거예요?"

"뭘?"

"그 계엄령인가 개헤엄인가 그거요."

나는 입술을 꾹 깨물고 대답했다. "미안하지만 선생님도 아직은 정확히 말해줄 수가 없어. 일단 수업부터 시작하자." 황급히 칠판 쪽으로 몸을 돌렸으나, 어두운 초록 칠판이 거대한 모시송편처럼 내 앞을 가로막았다. 숨이 막혔다. 다시 몸을 돌렸다. "얘들아, 책 펴자."

다시 시퍼런 칠판을 볼 용기가 나지 않았다.

너의 이름은 태민이1

"선생님, 태민이는 제가 곧 잡아 올게요."

2학년 1반에 처음 들어간 날, 나는 태민이를 이렇게 만났다.

'데리고 온다'가 아닌 '잡아 온다'는 표현. 그 말 속에서 나는 한눈에 알아챘다. 이 아이가 어떤 존재인지.

혼자 신나게 수업을 하고 있는데, 뒷문이 살짝 열리더니 담임선생님의 등이 먼저 보였다.

"태민아, 얼른 들어와."

태민이는 마지못해 들어왔다. 나는 못 본 척 수업을 계속 이어갔다. "여러분, 여러분 마음속엔 미덕의 보석이 있어요. 자, 보세요." 보석이 가득 그려진 컬러 학습지를 나누어 주었다. 2학년 전체 아이들에게 나눠주려면 150장을 인쇄해야 했는데 나는 과감하게 컬러 잉크를 투자했다. 보석처럼 반짝이는 이 수업이 꼭 아이들의 마음속에 남기를 바랐다.

"와! 예쁘다!"

"그래, 예쁘지? 이 보석들이 너희 마음속에 다 들어 있는 거야."

간신히 자리에 앉아 연필을 씹고 있던 태민이가 학습지를 들여다보며 눈이 커졌다.

"태민아, 이 보석들 다 네 마음속에 있어."

"진짜요?"

"그럼, 진짜지."

나는 태민이보다 더 눈을 크게 떴다. 그 순간만큼은 전 인류 중 내가 가장 눈이 컸을지도 모른다.

"신이 태민이를 만들 때, 이 보석을 다 넣었단다. 다만 태민이가 잘 닦고 밝히지 않아서 아직은 잘 안 보이는 거야."

"거짓말."

태민이는 안 속겠다는 표정으로 나를 바라봤다.

"야, 선생님은 거짓말 안 해!" 똘망똘망하게 생긴 여학생이 갑자기 내 편을 들었다. 세상에, 이런 천사가 또 있을까. "선생님, 쟤는 원래 저래요. 신경 쓰지 마세요." 태민이를 은근히 무시하는 눈빛으로 나에게 고자질했다.

"그렇구나. 그런데 말이야, 선생님은 태민이가 신경 쓰여."

태민이는 씩씩거리며 나를 노려보았다. 작은 손은 주먹을 꼭 쥐고 있었다.

"선생님은 태민이 안에 보석이 보이는데, 태민이는 그걸 못 보니까, 선생님이 알려주고 싶어." 나는 웃으며 말했다.

눈치 빠른 아까 그 여학생이 내게 물었다. "선생님, 진짜 보여요?"

"응. 보이고 말고. 지금 막 태민이 안에 있는 보석이 반짝이려 하고 있어!"

태민이는 주먹을 푸르르 풀더니, 조심스럽게 자기 가슴을 내려다보았다.

"태민아, 선생님은 태민이가 가진 그 보석의 힘을 믿어."

태민이는 조용해졌다. 아이들이 태민이를 쳐다봤다.

"선생님, 이상해요. 태민이가 주먹 쥐면 항상 우는데, 오늘은 안 울어요."

"맞아요! 소리도 안 지르고 이상해요. 태민이."

태민이는 부끄러운 듯 책상에 엎드렸다.

"야! 태민이 우는 거 아니야?"

아이들이 우르르 태민이 자리로 몰려들었다.

"자, 얘들아. 자리에 앉아. 우리 이제 태민이 쳐다보지 말자."

나는 겨우 아이들을 태민이 자리에서 떼어냈다. 우는 아이, 몰려든 아이 속에서 길을 잃었다. 일단 우는 아이는 나중 문제고 몰려든 아이부터 자리에 앉게 해야겠다고 생각했다.

"얘들아, 태민이는 지금 우는 게 아니라, 자기 마음속 보석을 찾는 중이야."

"아, 그래서 울음소리도 안 나나 보다."

아이들은 고개를 끄덕이며 진지하게 받아들였다. 태민이는 수업 내내 엎드려 있다가, 종이 치자마자 또 교실을 뛰쳐나갔다. 날쌘 태민이는 어디로 갔는지 보이지 않았다.

잠시 후 담임 선생님이 교실에 들어오셨다. 나는 방금 있었던 일을 설명해 드렸다.

"선생님, 태민이는 아픔이 많은 아이예요."

작년에 중국에서 아버지를 여의고, 엄마와 함께 한국에 들어왔다고 한다. 엄마는 한국어를 잘하지 못하고, 지금은 집에도 잘 들어오지 않는다. 태민이는 할머니와 함께 지내고 있고, 사실상 할머니가 보호자 역할을 하고 계신단다.

담임 선생님의 이야기를 듣고서야 태민이의 삶이 조금씩 보이기 시작했다.

너의 이름은 태민이 2

오늘은 태민이가 어떤 반응을 보일까?

설레임과 긴장을 안고 교실로 향했다. 교실 문을 열자, 태민이는 조용히 자리에 앉아 있었다.

"태민아, 오늘은 자리에 잘 앉아 있네? 태민이 마음에서 예쁜 보석이 반짝인다!"

"없는데?"

태민이는 자기 가슴을 만지며 퉁명스럽게 말했다.

"태민아, 있어. 선생님 눈에는 보여."

"거짓말."

반말을 툭 내뱉는 태민이를 보며, 똘망똘망한 여학생이 고개를 내저었다. "선생님, 태민이 봐주지 마세요."

태민이는 그 말을 듣고 그 여학생을 매섭게 쩨려보았다. 나는 재빨리 태민이 자리로 다가갔다. "태민아, 잠깐 화장실 가서 손 씻고 오자. 기분 전환!"

태민이가 화장실에 간 사이, 아이들과 짧은 대화를 나눴다.

"얘들아, 태민이는 어떤 아이 같아?"

"자기 멋대로예요."

"더럽고 이상해요."

태민이는 수업시간에 돌아다니고, 친구들을 괴롭히기도 한다. 그 자유분방함은 아이들에게 어느새 민심 하락(?)으로 이어졌고, 그 시선들이 태민이의 생활을 더 힘들게 하는 듯 보였다.

"얘들아, 너희 마음속에도 너그러움의 보석이 있잖아. 그 보석을 반짝이게 해서, 태민이를 사랑해줄 수 있을까?"

아이들은 마지못해 고개를 끄덕였다. 태민이에게 상처받은 친구들이 적지 않은 듯했다.

곧이어 손을 씻고 돌아온 태민이는 상쾌한 얼굴로 교실에 들어왔다.

"와! 태민이 마음속에서 기쁨의 보석이 빛나네!"

"응, 나 시원해. 기뻐."

이 녀석, 여전히 반말이다. 나는 너그러움의 보석을 다시 한 번 빛내며 반말쯤은 웃어넘기기로 했다.

"오늘은 선생님이 음식 동시를 보여줄게!"

저학년 아이들이 직접 쓰고 그림까지 그린 동시집을 실물화상기로 하나하나 비추며 함께 읽어주었다.

"와하하!"

아이들이 웃음을 터뜨렸다. 그 웃음소리에 엎드려 있던 태민이도 고개를 들고 TV 화면을 바라보았다. 그러더니 갑자기 앞으로 걸어나와, 화면 속 동시집 『튀겨질 뻔했어요』를 빤히 들여다보며 말했다.

"또 읽어줘. 또."

자리로 돌려보내고 싶었지만, 이 아이가 책에 관심을 보인 그 마음이 예뻐서 나는 다시 읽어주었다. 그 사이 아이들도 하나둘 교실 앞쪽으로 모여들었다. 안 되겠다 싶어 동시집을 태민이 손에 쥐여주었다. "태민이는 이거 조용히 읽고 있어요. 다른 친구들은 음식 동시 한번 써보자."

아이들은 열심히 시를 쓰기 시작했고, 태민이는 자리에 앉아 조용히 동시집을 읽었다. 그리고는 혼자 킥킥 소리를 내며 웃기 시작했다. 태민이의 웃음소리에 아이들은 슬쩍 고개를 돌려 그를 바라보았다. 하지만 다시 꾹 참고 시 쓰기에 집중했다.

"얘들아, 오늘 동시를 잘 쓰면, 다음 주에 또 선생님이 재미있는 동시 읽어줄게!"

아이들은 태민이의 웃음소리에 반응하지 않으려고 온몸으로 노력했다. 궁금함을 꾹 참고 시를 쓰는 그 모습이 어쩐지 귀엽고 기특했다. 오늘 태민이의 웃음소리는 아이들의 집중력을 키워주는 새로운 장치가 되었다.

고맙다, 이태민. 오늘도 네 덕분에 배운다. 웃음도, 기다림도, 아이들과 함께하는 하루도.

너의 이름은 태민이3

 5교시 수업이 없는 날이면, 점심 식사 후 학교 주변을 산책한다. 주차장 근처를 걷기도 하고, 분리수거장 주변을 서성이기도 하고, 텃밭 근처를 돌며 꽃과 작물들을 구경하곤 한다.

 오늘도 언 땅을 뚫고 올라온 노란 민들레를 바라보고 있는데, 어디선가 누군가가 나를 부른다.

 "선생님! 반가워!"

 누가 이렇게 버르장머리 없는 태도로 반가워하나 했더니 이태민이다.

 "야, 너 여기 왜 왔어?"

 태민이는 익숙한 듯 말했다. "여기는 내 자리야."

 "야, 나도 여기 자주 오는데? 반갑다!"

 나는 손을 들어 하이파이브를 청했다. 태민이도 "쫙!" 하고 하이파이브를 받아준다. 생각보다 시원한 소리에 괜히 기분이 좋았다.

 "선생님, 민들레는 노란색이지요?"

 갑자기 존댓말이다. 놀란 나는 웃으며 대답했다.

"응, 맞아. 오늘 태민이도 노란 옷 입었네? 민들레처럼 예쁘다."

태민이는 수줍게 씨익 웃었다.

"선생님, 나는 노랑색 좋아해."

다시 반말이다. 그래도 나는 너그러움의 보석을 빛내는 교사니까, 화는 안 낸다. (그저 살짝 까칠해질 뿐.)

"근데, 여기 왜 자주 오는 거야?"

"난 여기가 좋아."

이제 거의 친구 같은 말투다. 텃밭에서만큼은 친구처럼 대화하는 것도 괜찮겠다는 생각이 들어서 나도 편하게 말해본다.

"나도 여기가 좋아. 꽃도 있고, 나무도 있으니까."

"선생님, 이 나무 이름 뭐야?"

갑자기 모르는 나무 이름을 물어봐서 재빨리 관심을 돌렸다.

"야, 저기 봐봐. 저기 노란 개나리도 있어!"

태민이는 개나리 쪽으로 달려가더니 그 앞에 털썩 앉았다.

"나는 노랑색이 좋아."

웃음이 났다. 개나리 앞에 앉은 태민이. 꼭 청개구리 한 마리 같았다.

"그래, 너도 노랑. 얘도 노랑이니까 둘이 친구 하면 되겠다, 그치?"

"응, 히히."

태민이는 내가 던지는 아무 말 대잔치에도 성실하게 반응해 주었다. 그 모습이 어찌나 사랑스러운지. 한참 개나리를 보던 태민이는 학교 울타리 너머에 있는 마라탕 가게를 가리키며 말했다.

"선생님, 나는 주말에 마라탕을 먹었습니다."

책을 읽는 듯한 말투에 웃음이 터졌다.

"누구랑 먹었습니까?"

"할머니랑 먹었습니다."

우리 둘은 텃밭 앞에 쪼그려 앉아 그렇게 대화를 나눴다.

"태민아, 마라탕 안 매워?"

"나는 매운 거 잘 먹어. 선생님은 매운 거 못 먹어?"

구어체와 문어체, 반말과 존댓말이 뒤섞인 태민이의 언어는 어디로 튈지 모르는 럭비공 같았다. 하지만 그 속에는 어떻게든 표현하고 싶은 열망이 숨어 있었다. 태민이는 처음 말문이 트인 아이처럼 내게 언어를 쏟아냈다. 사소한 대화였지만, 내 마음속에 작은 꽃이 피어나는 기분이었다. 태민이도 그런지 계속 웃으면서 내 눈을 바라봤다.

"선생님 이제 가야 해. 내일도 여기서 보자."

"응. 나는 꼭 올 거야. 선생님도 올 거지?"

"당연하지. 내일 봐."

나는 그 말을 남기고 태민이보다 더 빨리 돌아섰다.

봄 햇살이 내 가슴을 간질였다.

봄꽃을 바라보는 태민이의 모습

에필로그

K-교사에게

"나영쌤, 정말 대단해! 콘텐츠 제작의 여왕이야."
"영미쌤, 힘내자고! 우리는 K-교사잖아."

2020년, 코로나로 학교가 무겁게 가라앉아 있을 때였습니다. 무기력과 우울이 일상이 된 교실에서, 빛처럼 환하게 웃으며 제게 'K-교사'라는 말을 처음 들려준 사람은 바로 제 친구, 김나영 선생님입니다. 저는 매일 쏟아지는 공문에 치여 콘텐츠 개발은 꿈도 못 꾸었는데, 나영 선생님은 직접 자료를 만들고, 비대면 수업 방법을 나누며 동료 교사들을 살뜰히 챙겼습니다. 마스크 너머로도 느껴지던 그 환한 대답을 들으며 알았습니다. 그녀 안에는 이미 'K-교사'라는 마음이 심겨져 있었던 것이지요.

문득 저의 20년 교직 생활을 되돌아보았습니다. 놀라운 점은 처음 15년보다 최근 5년의 변화가 훨씬 더 컸다는 것입니다. 코로나를 겪으며 교사들은 자의 반, 타의 반으로 '콘텐츠 생산자'가 되었습니다. 콘텐츠를 직접 만들고, 서로의 아이디어를 나누며 수업의 길을 다시 열었습니다. 예전에는 낯설었던 '브랜딩'이라는 단어가 교사들의 대화 속에 자연스레 등장하기 시작했습니다. '더 잘 가르치고 싶다'는 갈망들이 세상 밖으로 나오기 시작했습니다.

그러나 그 길은 언제나 기쁨만 있었던 것은 아닙니다. 서이초 사건은 오랫동안 눌러왔던 교사들의 눈물을 터뜨렸습니다. 거리로 나선 발걸음에는 분노만이 아니라, '아이들을 더 잘 지켜내고 싶다'는 간절한 마음이 담겨 있었습니다. 교직의 매력은 흔들리고, 흉흉한 말들이 떠돌았지만, 저는 절망 속에서도 희망을 붙드는 교사들을 보았습니다. 책을 쓰고, 강의를 다니며 동료들의 손을 잡아주는 교사들. 그 모습 속에서 저는 또 하나의 K-교사의 얼굴을 확인할 수 있었습니다.

처음 제가 만난 K-교사는 '능력자'였습니다. 누구보다 앞서 배우고, 누구보다 빨리 만들어내는 사람. 그러나 시간이 흐르며 알게 되었습니다. 진짜 K-교사는 만렙(?)을 찍은 고수가 아니라, 함께 나누고 협력하며 길을 내는 사람입니다. K-교사의 가치는 혼자 빛나는 능력이 아니라, 서로의 빛을 모아 더 큰 빛을 만들어내는 데 있다는 것을 배워가고 있습니다.

K-교사는 반드시 유명해야 하는 것도, SNS를 활발히 해야 하는

것도 아닙니다. 생활지도를 꼼꼼히 이어가는 선생님, 아이의 마음을 따뜻하게 어루만지는 상담 교사, 묵묵히 아이들을 지켜주는 담임 교사들. 저는 매일 학교에서 그런 K-교사들을 만납니다. 그들이 모두 보석 같은 교사라는 것을 저는 압니다. 그래서 저는 그 보석들을 기록하고, 세상에 전하고 싶습니다. 그것이 제가 맡은 작은 K-교사의 몫이라 믿습니다.

올해 우리 학교에서 교직의 첫발을 내딛은 한 선생님이 있습니다. 발령 첫날부터 '한국어 학급' 담임을 맡게 되셨습니다. 사실 아무도 그 학급을 맡으려 하지 않았기 때문입니다. 한 달 뒤, 교직원 협의회에서 교장 선생님께서 말씀하셨습니다.

"신규 교사를 한국어 학급 담임으로 배치한 건, 우리 모두의 잘못입니다."

이 말 앞에서 누구도 고개를 들지 못했습니다. 저 역시 부끄러웠습니다. 그날 이후 저는 그 교실 앞을 자주 지나며 작은 농담을 건네기 시작했습니다. 부채감을 덜어내는 제 방식이었지만, 제 마음속에는 늘 묵직한 질문이 남았습니다.

"과연 그것이 잘못을 인정하는 데에서만 멈춰도 되는 일일까?"

오랜 질문 끝에 저는 제도적 인센티브가 필요하다는 결론에 이르렀습니다. 다문화 밀집 지역에는 '한국어 학급' 제도가 있어, 한국어가 서툰 학생들을 모아 지도합니다. 그러나 실제로는 일반 학급 담임도 힘겹습니다. 대화가 통하지 않아 통역을 불러야 하고,

학습 경험이 부족한 아이들과의 수업을 진행하기란 쉽지 않습니다. 그런데 이 아이들을 한꺼번에 맡는 한국어 학급 교사는 몇 배의 부담을 짊어집니다. 다문화 담당 부장 역시 마찬가지입니다. 그래서 모두 피하려 하는 것입니다.

물론 현재도 인사이동 가점과 같은 인센티브는 존재합니다. 그러나 그것만으로는 부족합니다. 지원자가 없다는 사실이 그 증거입니다. 다문화학교의 담임은 일반 학교보다 어렵고, 한국어 학급 담임과 다문화 업무 담당은 그 이상의 무게를 지닌 자리입니다. 저는 이들에게 수당과 같은 실질적 보상이 필요하다고 생각합니다. 인센티브를 마련하려면 기준도 함께 세워져야 합니다. 그 기준은 현장의 목소리를 바탕으로 해야 합니다. 더 많은 관심과 목소리가 모여 하나의 문화를 이루고, 그 문화가 제도가 되기를 바랍니다. 그것이 다문화학교 속 K-교사들을 지켜내는 길이라 믿습니다.

요즘은 'K-교사를 수출한다'는 말도 들립니다. 해외에서 한국 교사를 원하는 이유는 무엇일까요? 저는 그것이 단순히 개인의 역량 때문은 아니라고 생각합니다. 교사 한 사람의 능력이 아니라, 나누고 협력하며 길을 열어온 한국 교사들의 문화와 마음이 세계를 감동시킨 것입니다. 제가 만난 K-교사들은 모두 그런 마음을 품고 있었습니다. 대한민국 곳곳에는 이미 K-교사의 꽃이 피어나고 있을지도 모릅니다.

이제 막 씨앗을 뿌린 교사, 작은 새싹에서 기쁨을 누리는 교사, 뜨거운 햇살을 견디며 묵묵히 자리를 지키는 교사, 잠시 소나기를 피하는 교사 모두가 아름답습니다. 그 모습 그대로 충분합니다. 서로의 모습을 인정하고 힘을 북돋아 주는 대한민국의 학교에는 여전히 온기와 희망이 살아 있습니다. 특별히 다문화 사회 속에서 펼쳐질 K-교사의 기쁨과 슬픔이 더욱 풍성해지기를 바랍니다. 그리고 그 이야기 속에서 우리 모두 한 걸음 더 자라나기를 진심으로 기원합니다.

다시, 학교 가는 길

2025년 10월 14일 초판 1쇄 발행

지은이   유영미

펴낸곳   읽고쓰기연구소
발행인   이하영
도서문의   02-6378-0020
팩스   02-6378-0011
출판등록   제2021-0000169호
주소   서울시 마포구 동교로 136 서강빌딩 202호
이메일   writerlee75@gmail.com   editor93@naver.com
블로그   blog.naver.com/editor93

ⓒ 유영미, 2025

ISBN 979-11-988726-5-4 (03370)

[KOMCA 승인필]

값 18,000원

- 이 도서는 2025년 문화체육관광부의 '중소출판사 성장부문 제작지원' 사업의 지원을 받아 제작되었습니다.
- 이 책은 저작권법에 따라 대한민국 내에서 보호를 받는 저작물이므로 무단 전재 및 복제를 금합니다.
- 잘못된 책은 구입한 곳에서 바꿔드립니다.